자신감을 키워주는
마법의 발표력

자신감을 키워주는
마법의 발표력

글 · 김현태
그림 · 김청아

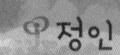

자신감 넘치는 발표력을 키우자

어린이들의 활기찬 모습을 보면 언제나 놀라고 감탄하게 됩니다. 어린이들은 색다른 아이디어로 놀이를 만들고 문제에 대한 창의적인 해결책을 찾으며, 상상력과 자유로운 발상으로 세상을 더욱 풍요롭게 만들어 갑니다.

이 동화는 어린이들의 발표력을 주제로 삼아 그들이 자신의 능력을 믿고 새로운 도전에 맞서며 성장해 나가는 아름다운 모습을 그려낸 이야기입니다. 또한 마틴 루터 킹, 이율곡, 링컨, 찰리 채플린, 오바마 등 역사적으로 훌륭한 분들이 등장해 발표력 향상법까지 제시해주고 있기 때문에 실질적인 도움을 줍니다. 따라서 어린이들이 동화를 읽으며 발표력에 대해 이야기를 나누고 자신의 생각을 제대로

표현하는 방법을 발견하는 유익한 경험이 되었으면 합니다. 그리고 어른들은 어린이들의 꿈과 열정을 응원하며 그들이 좋은 방향으로 갈 수 있도록 언제나 든든한 멘토가 되었으면 합니다.

 마지막으로 이 동화가 많은 어린이들의 작은 행복과 따뜻한 위로가 되기를 바라며, 동화를 읽어주시는 여러분들에게 감사의 말씀을 전합니다. 그럼 신나고 재미있는 동화 속 세상으로 우리 함께 떠나볼까요? 자, 출발!

작가 김현태

차례

서문_ 자신감 넘치는 발표력을 키우자 • 4

영웅 전성시대 • 9

영웅, 한 순간에 무너지다 • 15

이상한 가게에서 만난 도깨비 • 22

제1교시_ 마틴 루터 킹 선생님의 발표력 수업 • 29
　　　　　자신감 넘치는 눈빛으로 청중들의 마음을 열어라

제2교시_ 이율곡 선생님의 발표력 수업 • 50
　　　　　발표 원고는 첫째, 둘째, 셋째의 형식을 갖춰 써라

제3교시_ 링컨 선생님의 발표력 수업 • 64
　　　　　강조할 부분을 효과적으로 말해라

제4교시_ 찰리 채플린 선생님의 발표력 수업 • 80
　　　　　자기만의 손동작이나 몸짓 등을 계발하라

제5교시_ 오바마 선생님의 발표력 수업 • 96
　　　　　진실하고 공감이 가는 이야기로 말하라

　　　　영웅, 발표왕으로 다시 태어나다 • 113

영웅, 전성시대

"야, 모여 봐."

영웅이의 말 한마디에 대여섯 명의 아이들이 순식간에 모였다.

"내가 어제 중학생 형을 물리쳤어!"

"중학생 형을 물리치다니? 영웅아, 그게 무슨 소리야."

병호가 코끝에 걸린 안경을 올리며 물었다.

영웅이는 어깨를 으쓱하며 말했다.

"어제 태권도장에서 자유 대련이 있었거든. 그런데 사범님이 나랑 중학생 형이랑 대련을 시키는 거야. 순간적으로 난 움찔했지. 그 형 발차기가 장난이 아니거든."

"그래서 어떻게 됐어?"

"형이 먼저 옆차기로 공격을 하는 거야. 난 재빠르게 뒤로 피했지. 그런데 이번에는 번쩍 뛰어서 앞차기를 하는 거야."

"넌 당하고만 있었냐?"

병호가 침을 꿀꺽 삼키며 물었다.

"지금 날 뭐로 보고 그러냐! 내가 이래 봬도 우리 반 짱 아니냐! 흐흠."

영웅이는 헛기침을 하더니 이어 말했다.

"앞차기로 공격하길래 난 옆으로 살짝 피했지. 그리고 뒤돌려차기로 한 방 날렸어. 내 뒤돌려차기에 맞고 그 형은 완전 쫙 뻗은 개구리가 되었다고."

"이야! 대단하다. 역시 넌 짱이야."

아이들의 부러운 시선을 한 몸에 받은 영웅이는 목소리에 힘을 주며 말했다.

"그 형 울었잖아!"

"왜?"

"코피가 터졌거든. 좀 미안하긴 했지만 그래도 정말로 통쾌했어. 그러니까 너희들 나한테 까불지 마! 알았지?"

"당연하지. 누가 너한테 덤비겠냐!"

병호가 살포시 미소 지으며 말했다.

학급에서 영웅이의 위세는 대단하다. 영웅이는 싸움도 잘하고 운동도 잘하고 공부도 상위권에 오락부장을 맡고 있을 뿐만 아니라 개그맨들의 흉내를 어찌나 잘 내는지 영웅이의 주위는 늘 아이들로 북적거렸다.

며칠 전 체육시간에는 이런 일이 있었다. 해병대 출신인 체육 선생님이 축구공 두 개를 양손에 들고 절도 있게 말했다.

"오늘은 반 전체가 두 팀으로 나눠서 축구를 하겠다. 사람 수가 많으니까 축구공은 하나가 아닌 두 개로 한다. 둘 중에 아무 공이나 차도 상관없다. 상대편 골대에 넣기만 하면 된다. 무슨 말인지 알겠나?"

"예."

"그럼, 두 팀으로 나누도록 하겠다. 짝수 번호는 청팀, 홀수 번호는 백팀이다. 알겠나?"

선생님이 팀을 나누자 아이들의 반응이 대조적이었다.

청팀은 태양처럼 밝은 표정으로 소리를 질렀다.

"야호! 우리가 이겼다."

반면, 백팀의 얼굴은 하나 같이 먹구름이 낀 것처럼 어두웠다.

"에이, 보나마나 우리가 졌어."

선생님은 아이들의 반응을 보고 의아한 표정을 지었다.

"너희들 지금 왜 그러니? 경기를 시작하지도 않았는데 왜 청팀은 이긴 것처럼 좋아하고 백팀은 벌써부터 진 것처럼 기가 죽어 있지?"

병호가 입술을 내밀며 힘없이 말했다.

"영웅이 번호가 18번. 영웅이가 청팀이니까 당연히 청팀이 이기죠. 저희 백팀은 진 거나 다름없어요. 영웅이 골은 아무도 못 막아요. 손흥민 선수보다 더 빨라요."

"그래? 영웅이가 축구를 그렇게 잘해?"

선생님은 눈을 깜박이며 영웅이를 쳐다보았다.

영웅이는 머리를 긁적거리며 작은 목소리로 말했다.

"이 놈의 인기는 식을 줄을 모른다니까!"

영웅이는 학교생활이 너무나 즐거웠다. 영웅이에게는 학교 가는 길이 가장 즐거운 길이고 학교에 있는 시간이 가장 행복한 시간이었으며 학교가 마치 천국과도 같았다. 한 마디로 지금 영웅이는 '영웅 전성시대'를 누리고 있었다.

영웅, 한 순간에 무너지다

"3교시에는 저번에 내준 숙제를 발표하는 시간을 갖도록 하겠어요. 그러니 쉬는 시간에 떠들지만 말고 각 조에서 누가 발표할지 발표자를 정하세요. 알았죠?"

"예."

선생님은 교실 문을 열고 밖으로 나갔다.

그러자 조용했던 교실이 갑자기 시골 장터처럼 시끌벅적해졌다.

"C조, 다 모여라."

병호가 안경을 만지작거리며 소리쳤다.

그러자 아이들이 하나 둘 모이기 시작했다. 그런데 아이들의 표정이 겨자소스를 맛본 것 마냥 다들 좋아 보이지 않았다. 사실 발표 수업을 좋아하는 아이들은 거의 없었다. 여러 사람 앞에서 발표를 한다는 건 정말로 곤혹스러운 일이기 때문이다.

"야, 우리 C조는 누가 발표할래?"

병호가 아이들에게 물었다. 그러자 아이들이 일제히 영웅이를 쳐다보았다.

병호는 영웅이에게 말했다.

"영웅아, 애들이 너를 원한다. 어떻게 할래?"

영웅이는 어쩔 수 없이 고개를 끄덕였다.

"그래, 좋아. 내가 발표할게. 내가 달리 영웅이냐? 나 민영웅, 너희들을 위해 발표자가 되어줄게."

영웅이가 발표자로 결정되자 C조 아이들은 좋아했다.

"우리보다는 영웅이가 훨씬 낫지."

"그래, 저번에는 병호 때문에 4등이었지만, 이번에는 영웅이 덕분에 우리 조가 1등 하겠다."

사실 영웅이도 내심 걱정이 되었다. 여러 사람 앞에서 발표를 한 경험이 없었기 때문이다.

드디어 3교시 발표 수업 시간.

A조 발표자로 나선 아이는 김은찬이었다. 키가 크고 홀쭉하게 생겼지만 평소에 야무진 성격 탓인지 준비해 온 발표 자료를 보며 말 한마디도 실수하지 않고 또박또박 발표를 마쳤다.

"이야, 은찬이 자식 발표 꽤나 하네."

"달리 보이는데."

아이들은 질투 반 부러움 반으로 웅성거렸다. 은찬이는 양 손가락으로 'V'자를 그리며 자리로 돌아왔다.

다음 B조 발표자는 최지희였다. 지희는 좀 떨긴 했지만 그래도 나름대로 훌륭하게 발표를 했다.

어느덧 C조 차례가 다가왔다.

"영웅아, 너 뭐해? 네 차례야!"

병호가 영웅이의 옆구리를 꾹 찔렀다.

"아… 알았어."

영웅이는 한 발 한 발 칠판 앞으로 걸어갔다. 그러나 그 발걸음은 참으로 무거워 보였다. 마치 가기 싫은 심부름을 억지로 가는 듯했다.

"C조 파이팅! 영웅이 파이팅!"

병호의 응원소리가 영웅이의 귀에 들려왔다. 그리고 잠시 뒤 짝짝짝 박수 소리도 들렸다. 평소 입담도 좋고 운동도 잘하는 인기 짱인 영웅이였기에 아이들이 시작도 전에 기대에 부풀어 박수를 보낸 것이다.

교단에 선 영웅이는 크게 한숨을 내쉬었다. 그리고 고개를 들어 반 아이들을 바라보았다. 눈에 이상이 있는 것도 아닌데 아이들의 얼굴이 제대로 보이지 않았다. 마치 안개 속에 있는 듯 했다.

'왜 이러지? 침이 마르고 가슴이 답답해.'

영웅이는 손등으로 눈을 비볐지만 소용없었다. 교단에 올라간 지 어느 정도의 시간이 지났지만 영웅이는 아직까지 한 마디도 말하지 않았다.

아이들은 급기야 웅성거리기 시작했다.

"영웅이가 왜 말을 안 하지?"

"정말 이상하네. 갑자기 꿀 먹은 벙어리가 됐어."

하지만 영웅이는 여전히 아무 말도 하지 않았다. 잔뜩 긴장한 영웅이의 입이 얼어붙고 만 것이다.

'내가 왜 이러지? 겨울도 아닌데 온몸이 떨리네.'

크게 숨을 들이마신 영웅이가 드디어 입을 열고 말하기 시작했다.

"제… 제가 발표할 내용은……, 아니 우선 인사드리겠습니다. 저… 저는 C조 발표자 민영웅입니다. 우리가 지금… 아니 우리 조는 지금….."

영웅이의 얼굴은 불안감과 두려움으로 가득 차 있었다. 목소리도 평소와 같지 않았다. 평소 영웅이의 목소리는 학교가 떠나갈 정도로 쩌렁쩌렁 울렸는데 지금은 무슨 죄라도 지은 듯 목소리가 점점 쥐구멍으로 기어들어갔다.

영웅이는 준비한 발표 자료도 제대로 전달하지 못하고 횡설수설에 더듬거리기까지 했다. 결국 최악의 발표가 되고 말았다. 영웅이는 고개를 푹 숙인 채 교단에서 내려왔다.

아이들은 모두 다 고개를 갸우뚱거리며 중얼거렸다.

"쟤 영웅이 맞아? 평소랑은 너무 달라."

"발표를 왜 이렇게 못하지?"

"믿기지 않아. 말 잘하고 개그맨 흉내도 곧잘 내는 인기짱 영웅이가 저러다니…."

영웅이는 자리에 앉자마자 책상에 고개를 처박았다. 엉엉 소리 내어 울고 싶었지만 울 수도 없는 노릇이고 참으로 숨통이 터질 것만 같았다.

영웅이가 바라는 것은 지금 이 순간이 쏜살처럼 빠르게 지나가 버리는 것이었다. 영웅이의 머릿속에는 이 말만이 맴돌았다.

'싫어! 학교가 싫어!'

이상한 가게에서 만난 도깨비

터벅터벅.

영웅이의 발걸음은 천근만근 무거웠다. 학교 가는 길이 이처럼 고통스러운건지 예전에는 미처 몰랐다.

'아, 정말 가기 싫다. 계속 일요일이면 얼마나 좋을까? 애들이 날 어떻게 생각할까? 이제 모든 것이 끝났어!'

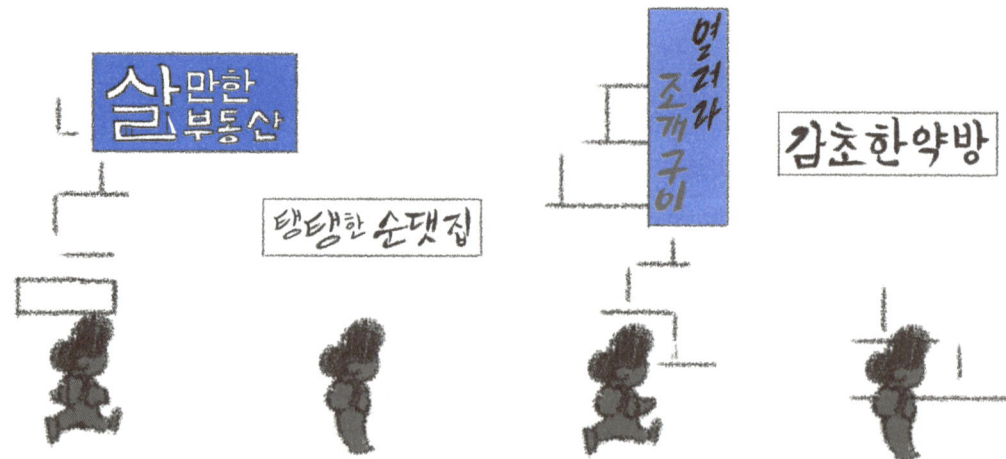

"살만한 부동산, 탱탱한 순댓집, 열려라 조개구이, 감초한약방, 만나요 커피…………."

간판글씨를 읽다 보니 발표시간에 겪었던 굴욕을 잠시나마 잊을 수 있었다.

그런데 갑자기 영웅이가 동상처럼 제자리에 멈춰 섰다.

"어? 저게 뭐지? 처음 보는 간판인데…"

이 동네의 간판 이름은 죄다 알고 있는데 참으로 이상한 간판이 눈에 들어왔다. 그 간판에는 [마법의 숲]이라고 적혀 있었다.

"마법의 숲? 참 희한한 이름이네. 우리 동네에 저런 가게가 있었나? 무슨 가게일까?"

영웅이는 낯선 이름의 가게 안이 궁금했다. 그래서 조심스럽게 문 손잡이를 잡아 돌렸다. 가게 안으로 들어온 영웅이는 자신의 눈을 의심하지 않을 수 없었다.

"어? 도대체 여기가 어디지? 내가 지금 어디에 있는 거지?."

거대한 숲과 저 멀리 광활한 평야가 끝도 없이 펼쳐져 있었다.

그런데 그때였다. 어디선가 이상한 소리가 들렸다.

"뚝따다닥 뚝따다닥 뚝따다닥 뚝따다닥."

영웅이는 몸을 움츠리며 재빠르게 주위를 살펴보았다.

"어? 저게 뭐지?"

영웅이는 나무 뒤에 있는 무언가를 발견하고 깜짝 놀라 뒤로 넘어졌다.

"으악! 도깨비다!"

뿔이 달린 도깨비였다.

영웅이는 무서워서 일부러 더 크게 소리쳤다.

"숨지 말고 나와! 이미 내가 다 봤어! 어서!"

도깨비는 천천히 영웅이에게로 다가왔다.

"많이 놀랐지? 나는 마법의 숲에서 사는 도깨비야."

도깨비는 영웅이에게 손을 내밀었다.

"반가워. 우리 악수하자."

영웅이는 얼떨결에 손을 내밀어 도깨비와 악수를 했다.

"너 영웅이지? 민영웅!"

"어? 내 이름을 어떻게 알아요?"

"다 아는 수가 있지! 갈대들이 나에게 속삭여줬거든."

영웅이는 손가락으로 입술을 만지작거리며 조심스럽게 물었다.

"그런데 여기는 어디예요?"

"지금 우리는 마법의 숲을 지나 '마법의 발표력 학교'로 가는 길이야. 그리고 나는 널 그곳까지 안내해주는 임무를 맡았어."

"마법의 발표력 학교? 그건 또 뭐죠?"

영웅이는 고개를 갸우뚱거리며 말했다.

"말 그대로야. 발표를 잘 하는 방법을 알려주는 학교지. 넌 오늘 그 곳에서 수업을 받기로 되어 있어. 그래서 널 지금 그곳으로 안내하는 거란다."

"내가 그 학교에서 수업을 받는다고요?"

영웅이는 도깨비가 무슨 얘기를 하고 있는지 도무지 알 수가 없었다. 그리고 도깨비는 영웅이가 지난번에 학교에서 망신당한 일을 이미 다 알고 있는 듯했다.

도깨비는 새침한 말투로 말했다.

"발표는 어려운 거야. 그러니까 너무 부끄러워하지 마. 나도 처음엔 그랬으니까. 자, 이제 내 손을 잡아. 지각하면 그 곳 선생님께 혼날지도 모르니까."

혼난다는 말에 영웅이는 황급히 도깨비의 손을 잡았다.

이어 도깨비는 주문을 외우기 시작했다.

"뚝딱! 뚝딱! 요리부리 샤부라 얍!"

그러자 영웅이와 도깨비는 어떤 교실로 순간이동을 했다.

영웅이가 두 눈을 휘둥그레 떴다.

"어? 이게 어떻게 된 서시?"

"놀라지마. 내가 잠깐 요술을 부린 거야. 요술 덕분에 늦지 않았어."

"어서 교실 안으로 들어가렴. 넌 그곳에서 다섯 명의 선생님을 만나게 될 거야."

"다섯 명의 선생님요?"

"그래. 너는 그곳에서 새로운 경험을 할 거야."

영웅이의 눈시울이 붉어졌다. 낯선 곳에서 만난 첫 번째 친구였는데 헤어질 것을 생각하니 마음이 아파왔다.

"어서 들어가. 우린 다시 만날 거야. 수업이 끝나면 널 다시 집으로 데려다 주는 것도 내 임무거든. 그러니까 어서 가!"

"알았어요."

영웅이는 도깨비에게 손을 흔들고 서둘러 교실로 힘차게 달려갔다.

제1교시
마틴 루터 킹 선생님의 발표력 수업

영웅이는 발뒤꿈치를 들고 조용조용 복도를 걸었다. 괜히 뛰었다가 교장선생님이라도 만나게 되면 큰일 나기 때문이다.

긴 복도 끝에 교실 하나가 있었다.

'학생들은 몇 명일까? 선생님은 여선생님일까? 남선생님일까?'

영웅이의 마음에 설렘이 가득 찼다.

뒷문이 있다면 뒷문으로 들어갈 텐데 이 교실은 어찌 된 건지 문이 하나밖에 없었다. 영웅이는 문 손잡이에 천천히 손을 갖다 댔다. 그리고 조심스럽게 문을 열었다.

교실 문을 연 영웅이는 깜짝 놀랐다. 책상과 의자 그리고 학생들이 가득할 거라 예상했는데 그 예상은 아주 크게 빗나갔다. 교실에는 책상도 의자도 학생도 없었다. 마치 텅 빈 무대와도 같았다.

"무슨 교실이 이래?"

영웅이는 고개를 갸우뚱거리며 투덜거렸다.

그런데 그때였다. 갑자기 영웅이의 눈앞으로 야구공만 한 크기의 파란 유리공이 다가왔다.

"어? 이게 뭐지?"

파란 유리공은 큰 변화 없이 계속해서 그 자리에 떠 있었다.

조금 안정을 되찾은 영웅이는 호기심이 발동하여 검지 손가락을 뻗어 파란 유리공을 살짝 건드렸다. 하지만 유리공은 여전히 아무런 변화가 없었다.

"뭐야 이거!"

그런데 그 순간이었다. 갑자기 파란 유리공에서 강렬한 빛이 터져 나왔다.

"앗!"

영웅이는 눈이 부셔서 눈을 뜰 수가 없었다. 잠시 뒤, 서서히 눈을 떴을 때 이미 영웅이의 눈앞에는 다른 세상이 펼쳐져 있었다.

※ ※ ※

"아이, 차가워. 이게 뭐지?"

영웅이는 고개를 들어 하늘을 쳐다보았다.

주룩주룩 굵은 비가 내리고 있었다.

"저기서 비를 피해야겠다."

영웅이는 양 손바닥으로 머리를 덮은 채 교회의 처마 밑으로 달려갔다.

"웬 비가 이렇게 많이 오지?"

영웅이는 머리에 묻은 물기를 털어냈다. 그리고 입술을 삐죽 내밀며 중얼거렸다.

"너무해! 이렇게 비가 오는 곳으로 날 보내려면 우산이라도 하나 챙겨줘야지."

온 몸이 비로 젖은 영웅이는 몸을 덜덜 떨었다. 그리고 따닥따닥 이가 서로 부딪치는 소리까지 냈다.

영웅이는 주위를 둘러보았다.

"도대체 여기는 어딜까?"

도로에 버스와 자동차가 이따금씩 지나갔고 거리에는 우산을 쓴 사람들이 바쁘게 걸어 다니고 있었다. 서울의 도시 풍경과 별다를 바가 없었다.

두 눈을 크게 뜬 채 다시 한 번 거리를 주의 깊게 살펴보던 영웅이는 아주 놀라운 사실을 발견이라도 한 듯 눈을 깜빡이며 더듬더듬 말했다.

"이… 이상하네. 다… 다들 흑인이잖아."

곧이어 영웅이는 고개를 갸웃거리더니 피식 웃으며 말했다.

"그래, 이상할 것도 없지. 여기는 아프리카가 분명해. 그러니까 거리에 흑인만 있지."

그런데 자세히 보니 흑인만 있는 게 아니었다.

"어? 버스 안에는 백인들이 있잖아. 저기 자동차 안에도…."

영웅이는 여기가 도대체 어디인지 알쏭달쏭했다. 또한 왜 흑인들은 걸어 다니고 백인들만 차를 타고 다니는지도 궁금했다.

그때였다. 교회 문이 열리더니 한 사람이 밖으로 나왔다. 영웅이는 얼떨결에 그 사람을 쳐다보았다. 그 사람 역시 흑인이었다. 흑인 남자는 하얀 이를 보이며 영웅이에게 다가와 다정하게 말했다.

"네가 영웅이지?"

"예? 저를 어떻게…."

"환영한다. 여기까지 오느라 수고가 많았어. 어서 안으로 들어가자."

영웅이는 어리둥절한 표정으로 흑인 남자를 따라 교회 안으로 들어가면서 마음속으로 생각했다.

'이게 다 마법의 힘인가?'

흑인 남자는 영웅이에게 의자를 내주며 말했다.

"잠시 여기에 좀 앉아 있으렴."

그리고 작은 문을 열더니 그 속으로 사라졌다가 잠시 뒤에 손에 컵 하나를 들고 나타났다.

"자, 마셔봐. 따뜻한 우유란다."

영웅이는 우유가 담긴 컵을 두 손으로 감쌌다. 손에 따뜻한 온기가 퍼져 마치 가슴속까지 데워주는 것 같았다.

"천천히 불어가며 마시렴. 비가 오는데 몹시 추웠겠구나."

"호 호 후루룩."

"호 호 후루룩."

영웅이는 우유 한 컵을 금세 비웠다.

"아, 따뜻하고 맛있다."

안정을 되찾은 영웅이는 눈망울을 반짝거리며 조심스럽게 물었다.

"그런데 아저씨는 누구세요? 그리고 아까 얼핏 거리를 봤는데 좀 이상해요. 백인들은 차를 타고 다니는데 왜 흑인들은 모두 걸어 다니는 거죠? 무슨 일이라도 있나요?"

흑인 남자는 덤덤하게 말했다.

"내 이름은 마틴 루터 킹이고, 목사란다. 영웅이 너의 눈썰미가 대단하구나. 그래, 잘 봤다. 지금 흑인들은 모두 걸어 다닌단다. 그 이유는 ……….."

그는 잠시 말을 잊지 못하고 침통한 표정을 지었다. 영웅이의 얼굴빛도 어두워졌다.

잠시 뒤 킹 목사는 입술을 파르르 떨며 입을 열었다.

"지금 우리 흑인들은 일부러 버스나 차를 타고 다니지 않는 거란다."

"걸어 다니면 다리도 아프고 많이 불편하잖아요. 굳이 버스나 차를 타지 않는 이유가 있나요?"

"그렇단다. 지난 12월 1일에 일어난 이야기를 너에게 들려주마."

영웅이는 귀를 쫑긋 세워 킹 목사의 말에 집중했다.

"참, 먼저 너에게 지금이 몇 년이고 여기가 어디인지부터 말해줘야겠구나. 지금은 1956년 2월이고 여기는 미국이란다. 자, 그럼 그때 일을 얘기해주마. 그러니까 작년 12월 1일에 한 흑인 여성이 버스를 탔단다. 그녀는 '백인 전용좌석' 바로 뒷자리에 앉았지. 잠시 뒤 백인 몇 명이 버스에 탔는데 이미 백인 전용좌석에는 다른 백인들이 앉아 있었어. 그러자 버스 기사는 흑인 여성에게 일어나라고 말했지. 백인이 앉아야 한다며. 흑인 여성은 자리에서 일어나지 않았어. 일을 하느라 너무나 피곤했거든. 잔뜩 화가 난 버스기사는 급기야 경찰을 불렀어. 그리고 흑인 여성은 그 자리에서 경찰에게 체포돼 경찰서로 끌려가고 말았지."

영웅이는 이해할 수 없다는 듯 뾰로통한 표정을 지으며 말했다.

"정말 이상해요. 왜 흑인 여성을 경찰이 끌고 가죠? 그리고 왜 흑인은 좌석에 앉으면 안 되는 거죠?"

"넌 이해할 수 없겠지만 지금 우리가 사는 시대에서는 흑인이 부당한 차별을 받고 있단다. 법에 의하면 흑인들은 '백인 전용좌식'에 앉을 수 없고 또한 흑인이 자리에 먼저 앉았어도 백인이 서 있게 되면 백인에게 좌석을 양보해야 한단다. 이게 법으로 규정되어 있지. 그래서 그 흑인 여성이 경찰에게 끌려간 거야."

여전히 영웅이는 이해할 수 없다는 듯 고개를 내저었다.

"세상에 그런 게 어딨어요? 피부 색깔이 다르다고 그럴 순 없죠. 사람은 모두 평등하다고 학교에서 배웠는걸요."

"그래, 네 말이 맞다. 그래서 지금 우리 흑인들은 '버스 안 타기 운동'을 하고 있는 거란다. 흑인도 인간답게 살아야 함을 만천하에 알리는 일종의 시위를 하는 중이지."

"아, 그래서 흑인들이 다들 걸어 다니는군요."

영웅이는 고개를 끄덕였다.

그때였다. 교회 문이 열리더니 사람들이 우르르 몰려왔다.

"목사님, 저 사람들은 누구죠?"

킹 목사는 영웅이의 손목을 잡고 재빠르게 작은 문을 열어 그 안으로 들어갔다.

"넌 여기서 좀 기다리렴. 그리고 저 사람들은 내 연설을 들으러 온 사람들이란다. 흑인에게 자유라는 주제로 연설을 하고 있는 중인데, 보이진 않겠지만 연설하는 내 목소리는 들릴 거다. 한번 잘 들어 보렴."

"예. 그럴게요."

교회 안이 순식간에 사람들로 가득 찼다. 대부분 흑인들이었지만 뜻을 같이한 백인도 몇몇 있었다.

마틴 루터 킹 목사가 연단에 올라섰다. 그러자 우레와 같은 박수 소리가 쏟아졌다. 그는 아주 강한 어조로 연설을 시작했다.

"오늘 우리가 여기 모인 이유는 중요한 일을 하기 위해서입니다. 우리 흑인들은 그 동안 많은 모욕과 차별을 참아왔습니다. 그러나 언제까지 이렇게 당하고 살 수만은 없습니다. 이제는 정의와 자유가 이 땅에도 존재한다는 걸 우리가 보여줘야 합니다."

"옳소!"

"맞습니다! 우리의 힘을 보여줍시다!"

사람들은 킹 목사의 연설에 환호하며 흥분했다.

킹 목사는 주먹을 불끈 쥐며 더더욱 큰 소리로 연설했다.

"그렇습니다. 우리의 힘을 보여줄 때입니다. 그러나 중요한 건 폭력이나 무력이 아닙니다. 우리의 힘은 바로 믿음이며 평화입니다. 성경에 '원수를 사랑하라'라는 말이 있듯 우리는 우리를 괴롭히는 사람들까지도 사랑해야 하고 그들과 하나가 되어야 합니다. 그게 진정으로 승리하는 길이며 아름다운 모습입니다. 저는 이 자리에서 그들에게 요구합니다. 첫째, 먼저 온 사람부터 좌석에 앉게 할 것. 둘째, 흑인 버스 기사를 고용할 것. 셋째, 흑인에게 친절할 것. 우리의 이 요구가 지켜질 때까지 우리는 계속해서 '버스 안타기 운동'을 전개할 것입니다. 조금 불편해도 우리 모두 하나가 됩시다. 그럼 분명 좋은 세상이 올 거라 믿습니다."

어느새 킹 목사의 온몸이 땀으로 범벅이 되었다. 열정적이고 자신감 넘치는 연설은 그 자리에 참여한 사람들에게 강한 의지를 심어 줬을 뿐만 아니라 깊은 감동까지 주었다.

어느새 한 시간 남짓한 연설이 끝났다. 교회 안의 사람들은 썰물이 빠져나가듯 순식간에 교회 밖으로 나갔다. 영웅이는 작은 문을 열고 밖으로 나왔다. 그리고 박수를 치며 마틴 루터 킹을 향해 말했다.

"목사님, 정말로 멋진 연설이었어요. 솔직히 제가 알아듣기 힘든 말도 있긴 했지만 그래도 목사님의 목소리에서 강한 힘을 느낄 수 있었어요. 정말로 대단해요."

킹 목사는 손수건으로 얼굴에 흘러내리는 땀을 닦으며 말했다.

"너의 가슴 속에도 나의 마음이 전해졌다니 무척 기쁘구나."

"그런데 목사님은 언제부터 연설을 하셨어요? 사람들의 반응이 너무나 뜨거운 것 같아요."

목사는 약간 쑥스러운 듯 미소를 지어보였다. 그리고 이어 말했다.

"나의 아버지도 목사였단다. 나는 늘 아버지의 설교를 듣고 자랐지. 그래서 나도 자연스럽게 연설을 잘 하게 된 거란다. 그러나 연설이나 발표를 잘 하기 위해서 무엇보다 중요한 게 있지."

"그게 뭐예요?"

영웅이는 입술에 침을 바르며 물었다.

"그건 바로 '자신감'이란다."

"자신감이요?"

"그래. 자신감! 해낼 수 있다는 자신감만 있으면 그 어떤 불가능한 상황도 가능하게 만들 수 있어. 이번 '버스 안타기 운동'도 분명 승리할 거라는 강한 자신감을 갖고 있단다. 그래서 연설하는 내내 나의 목소리에 강한 힘이 실린 거란다. 자신감이 강하면 곧 믿음이 생기고 결국 좋은 결과를 불러들이기 마련이지."

"아하."

영웅이는 고개를 끄덕이며 대답했다.

킹 목사는 영웅이의 손을 잡더니 하얀 이를 보이며 방긋 웃었다. 그리고 다성하게 말했다.

"영웅아, 너도 발표를 잘 할 수 있단다. 처음부터 성공하는 사람은 없지. 성공은 실패의 경험을 어떻게 받아들이느냐에 달려있어. 실패했다고 좌절하는 사람이 있는가 하면 그 실패를 좋은 경험으로 받아들이고 더 열심히 노력하는 사람도 있기 때문이야. 발표를 잘 하기 위해선 일단 실패를 두려워하지 않는 자신감이 중요해. 네 스스로 자신감이 없는데 그 누가 너의 말을 믿고 따르겠니? 발표력을 향상 시키는 방법은 많겠지만 나는 너에게 '자신감'을 가르쳐주고 싶구나."

영웅이는 손에 힘을 주었다. 그건 영웅이가 앞으로 자신감을 갖겠다는 표시였다. 그러자 킹 목사도 손에 힘을 주었다. 그리고 웃으며 말했다.

"영웅이 이 녀석, 힘이 제법 센 걸?"

"맞아요! 제가 우리 반에서 짱이에요!"

"짱? 그게 뭐니?"

"아… 아니에요. 아무튼 그런 게 있어요."

그때였다. 영웅이의 머리 위에 파란 유리공이 나타났다. 파란 유리공은 2~3초 간격으로 반짝반짝 빛이 났다.

"목사님, 이제 저 가봐야 할 것 같아요."

"그렇구나. 알았다. 널 만나서 기뻤어."

"저도요. 그리고 '버스 안타기 운동'은 분명 승리할 거예요."

"그래, 나도 그렇게 믿고 있단다. 너도 어디를 가든 늘 자신감을 갖고 살기 바래. 그리고 하나님이 늘 너의 곁에 있다는 걸 잊지 말고. 알았지?"

"예. 저도 목사님을 위해, 그리고 흑인들을 위해 기도 할게요."

"고맙다."

파란 유리공의 빛이 점점 강해졌다.

"이제 이걸 너에게 줘야겠구나."

킹 목사는 주머니에서 종이 한 장을 꺼내 영웅이에게 건네주었다. 영웅이가 종이를 건네받는 순간, 파란 유리공의 강한 빛이 교회 안 전체로 퍼졌다. 영웅이는 순식간에 킹 목사의 눈앞에서 사라졌다.

마틴 루터 킹 목사가 영웅이에게 전해준 종이에는 다음과 같이 적혀 있었다.

발표력 향상을 위한 첫 번째 비법

자신감 넘치는 눈빛으로 청중들의 마음을 열어라

연극이나 영화를 본 적이 있니? 연극이나 영화 속에는 배우들이 등장하지. 그런데 만약 배우가 긴장한 나머지 연기를 제대로 하지 못하고 덜덜 떤다고 생각해봐. 그럼 어떻게 되겠니? 그런 배우가 등장하는 연극이나 영화를 보려는 시청자는 아무도 없을 거야.

발표도 마찬가지란다. 발표하는 사람이 덜덜 떨거나 자신감 없는 표정을 짓는다면 청중들은 발표자의 말에 집중하지 못하고, 귀 기울이지 않게 되면서 결국에는 외면하고 말 거야. 물론 누구나 발표하는 자리에 서게 되면 긴장이 되기 때문에 떨기 마련이지. 그렇다고 정말로 그 자리에서 떠는 모습을 보이면 안돼. 떨지 않기 위해서는 발표 전에 많은 연습을 해야 하는 게 당연하지만 그것보다 중요한 게 있어. 그건 바로 마음가짐이지.

"이번에 또 망신을 당하면 어떡하지?"

"분명 덜덜덜 떠는 내 모습을 보며 친구들이 비웃을 거야!"

"나는 안 돼!"

발표하기 전에 너의 머릿속에 이런 생각들이 가득 차있다면 곤란해. 이런 부정적인 생각은 발표하는데 전혀 도움이 되지 않기 때문이지. 지금부터 자신감 있는 발표를 위해 필요한 것들 4가지를 알려줄 테니 잘 들으렴.

첫째, 할 수 있다는 믿음이야.

발표에 실패한 경험이 있다고 해서 그 안 좋은 경험을 계속 생각하면 안 돼. 실패는 누구나 할 수 있는 거란다. 중요한 건 실패했다는 사실이 아니라 그 실패의 늪에서 빠져나와 새롭게 도전을 하는 거야. 발표에 앞서 먼저 '나는 할 수 있다'라고 주문을 외우도록 해. 열 번, 아니 백 번이라도 좋아. 할 수 있다고 자꾸 되새기면 정말로 할 수 있으니까 말이야. 그게 바로 믿음의 힘이지.

둘째, 발표에 성공하는 나를 상상하는 거야.

머릿속에 발표를 성공적으로 끝내고 기뻐하는 자신의 모습을 그려보렴. 그런 긍정적인 생각을 계속 하다보면 어느새 정말 내가 성공한 것 같은 자신감이 생기게 된단다. 그런 자신감으로 무장하다보면 결국 발표도 성공적으로 마칠 수 있지.

셋째, 자신감 넘치는 눈빛을 해야 해.

발표하러 앞에 나와서 고개를 숙인다거나, 머리를 긁적거린다거나, 한숨을 내쉰다거나 등등 자신감 없는 행동을 보이면 절대 안돼. 시선은 당당하게 청중을 바라보고 손동작이나 말투도 과감하게 해봐. 자신감 넘치는 말과 행동이 청중들의 마음을 연다는 것을 잊어선 안돼.

넷째, 정확한 발음으로 말해야 해.

너무 작은 목소리나 부정확한 발음으로 말한다면 청중은 답답해 할 거야. 그러니 평소보다 다소 큰 소리로 말하는 게 좋아. 물론 발음도 또박또박 정확히 해야 해. 정확한 발음은 곧 자신감의 표현이거든.

자신에 대한 믿음과 강한 자신감을 갖는다면 그 다음부터는 술술술 풀릴거야. 자신감! 그게 최고의 발표력 비법이란 걸 절대로 잊지 마.

인물 알아보기

마틴 루터 킹 주니어
Martin Luther King Jr.
1929 ~ 1968

미국의 침례회 목사이자 흑인 인권 운동가이다. 미국 앨라배마주 몽고메리의 침례교회 목사로 취임한 후, 1955년 12월에 시내버스의 흑인 차별 대우에 반대하여 5만의 흑인 시민이 벌인 '버스 안타기 운동'을 지도하였다. 흑인도 백인과 동등한 시민권을 가져야 함을 주장했으며 <나에게는 꿈이 있다>라는 연설로도 유명하다. 1964년에 노벨평화상을 받았다.

제2교시
이율곡 선생님의 발표력 수업

파란 유리공이 빛을 점점 잃어갈 즈음, 영웅이는 서서히 눈을 떴다. 영웅이 앞에는 또 다른 풍경이 펼쳐져 있었다.

전봇대만한 감나무에 감이 주렁주렁 달려 있고, 가까운 곳에서 시냇물이 졸졸졸 흐르는 소리와 짹짹짹 경쾌한 새 울음소리도 들렸다. 그리고 담장 너머로 한옥 한 채가 보였다.

"여기가 어디지?"

주위를 둘러보았지만 사람은 보이지 않았다. 영웅이는 한 걸음을 떼었다.

발 밑에서 마른 낙엽들이 바사삭 소리를 내며 부서졌다. 땅바닥에 낙엽들이 수북이 쌓여 있는 걸로 봐서 늦가을쯤 된 것 같았다. 저 멀리 초가집이 몇 채 보이고 자그마한 정자도 보였다. 한적한 시골 마을임이 틀림없었다.

"도대체 여기에 내가 왜 온 거지?"

영웅이는 머리를 긁적거리며 눈을 깜박였다. 감나무 밑에 쪼그리고 앉아 있다보니 저 멀리서 사람들의 발자국 소리가 들렸다. 그런데 자세히 보니 사람들이 모두 한복을 입고 있었다. 갓을 쓴 사람도 있고 머리에 댕기를 맨 사람도 있었다. 마치 조선시대의 복장 같았다. 영웅이는 잽싸게 감나무 뒤로 숨어서 사람들이 주고받는 대화를 엿들었다.

"오늘 '은병정사'가 문을 여는 날인데 어떤 모습일지 정말 기대가 되는군."

"그러게 말이야. '은병정사'를 짓기 위해 많은 사람들이 참으로 수고가 많았지."

"이제 우리 마을에도 유명한 학자들이 많이 나오겠구먼."

"그래야지. 내 아이도 '은병정사'에 보낼 걸세."

"그래? 나도 그럴 생각인데. 어서 가보세. '은병정사'가 개관하는 날, 우리가 빠질 순 없지 않은가."

사람들이 감나무를 지나 사라졌다. 영웅이는 고개를 갸우뚱거리며 중얼거렸다.

"도대체 '은병정사'가 뭐지?"

그때였다. 또 한 무리의 사람들이 오는 소리가 들렸다. 이들 역시 복장이 남달랐다. 선비의 복장을 한 사람도 있고 하인의 복장을 한 사람도 있었다. 영웅이는 사람들이 걸어가면서 나누는 대화를 또 엿들었다.

"이율곡 선생님께서 얼마나 기뻐하실까?"

"많이 기뻐하시겠지. 그리고 시간 나면 나도 이율곡 선생님께 인생에 대해서 배워야겠어."

"자네가 배우겠다고? 이제야 철이 드는군."

"뭐? 하하하."

영웅이는 감나무 뒤에서 눈을 깜박거리며 중얼거렸다.

"이율곡 선생님? 그 분이 누구지?"

영웅이는 답답했다. 그러다 문득 무언가가 머릿속을 스쳐 지나갔다.

"혹시…. 오천 원 권에 그려져 있는 그 사람?"

영웅이는 설마하며 고개를 흔들었다. 그런데 그때 누군가가 어깨를 톡톡톡 건드렸다. 깜짝 놀란 영웅이는 두 눈이 휘둥그레졌다.

"누… 누구세요?"

"반갑다. 영웅아. 난 이이란다. 이율곡이라고도 하지."

턱밑에 긴 수염이 난 중년의 선비였다.

"이이요? 정말이세요? 정말로 이율곡 선생님 맞으세요?"

이율곡은 고개를 연신 끄덕이며 대답했다.

"그렇다니까. 넌 속고만 살았니?"

"아니요. 그게 아니라 정말로 믿기지가 않아서 그래요."

"그런데 여기가 도대체 어디에요?"

"여기는 황해도 해주란다. 그리고 지금은 조선시대지."

"예? 조선시대라고요?"

"당연하지. 내가 조선시대 사람이니까."

영웅이는 침을 꿀꺽 삼키며 다시 물었다.

"그런데 오늘이 무슨 날인가요? 아까 지나가는 사람들이 모두 선생님 얘기를 하는 것 같던데."

"오늘은 바로 '은병정사'가 처음으로 문을 여는 날이란다. 나에게 학문을 배우고자 하는 청년 108명을 뽑아 그곳에서 가르칠 예정이야."

"아, 그렇군요. 저도 혹시 선생님께 배울 수 있나요?"

"물론이지. 너도 내 제자로 받아주마. 그런데 넌 뭘 배우고 싶은 거니?"

"………."

영웅이가 갑자기 입을 다물었다.

이율곡은 빙그레 웃으며 말했다.

"영웅이 너, 혹시 발표력을 키우고 싶은 거 아니니?"

"어? 그걸 어떻게 아세요?"

영웅이는 두 눈을 동그랗게 뜨며 물었다.

"며칠 전에 너를 만나는 꿈을 꿨단다. 꿈 속에서 너의 고민을 들었는데, 그 꿈이 현실이 되어 이렇게 너를 만나게 되었구나."

"아, 그렇군요."

이율곡은 넓은 소매 속에서 둘둘 말린 종이를 꺼내 영웅이에게 내밀었다.

"자, 이걸 펼쳐보렴."

영웅이는 종이를 펼쳐보았다. 종이에 글씨가 빼곡히 적혀 있었다.

"이게 뭐죠?"

"그건 바로 '은병정사' 개관식에서 내가 연설할 내용이란다. 즉, 연설문이지."

영웅이는 고개를 갸웃거리며 말했다.

"선생님은 해박한 지식을 갖추고 있다고 알고 있는데 이런 연설문이 필요한가요? 충분히 즉석에서 연설을 하실 수 있잖아요."

이율곡은 고개를 끄덕이며 말했다.

"물론 그럴 수도 있겠지. 그렇다고 방심하면 안 된단다. 사람은 실수하기 마련이거든. 그러니 철저한 준비가 필요해. 아무리 재능이 없는 사람이라도 노력을 하면 무엇이든 거뜬히 해낼 수 있단다."

"선생님, 연설문에 무슨 내용이 적혀 있는지 궁금한데 말씀해주실 수 있으세요?"

"물론이지. 서두에서 간단한 인사말을 한 뒤에 본문에서 제자들에게 좋은 가르침을 베풀겠다는 나의 각오를 말하고 말미에는 '은병정사'를 짓는데 애쓴 모든 사람들에게 감사의 말을 전할 거란다."

이율곡은 이어 말했다.

"발표를 할 때는 반드시 발표할 원고를 미리 준비해야 한단다. 물론 다 외워서 할 수도 있겠지만 인간의 기억력이란 한계가 있으니까 자칫 잊을 수도 있지. 영웅이 너, 발표 원고를 직접 써본 적 있니?"

영웅이는 눈을 깜박거리며 고개를 내저었다.

"일기는 써본 적 있지만 발표 원고는 한 번도 써본 적 없어요."

"그렇구나. 잘 들으렴. 일기와 발표 원고는 좀 다르단다. 일기는 자기에게 있었던 일을 나열하거나 반성할 내용을 적으면 되지만 발표 원고에는 나의 경험이나 생각을 청중에게 말하고 또한 청중을 설득하는 내용을 적어야 한단다. 그러니 그 성격이 분명 다르다고 할 수 있지."

영웅이는 고개를 내밀며 물었다.

"선생님, 발표 원고를 쓰는 요령이 있나요?"

"당연히 있고말고. 그 비법은 바로 '첫째, 둘째, 셋째'란다."

"첫째, 둘째, 셋째요?"

이율곡은 자상한 표정을 지으며 말했다.

"그렇단다. 발표 원고를 쓸 때 늘 첫째, 둘째, 셋째를 생각하고 쓰렴. 그럼 분명 괜찮은 발표 원고가 될 거다. 그리고 한 마디 더 하마. 가을에 곡식을 수확하기 위해선 봄에 씨앗을 뿌려야 하듯 발표도 마찬가지란다. 남들 앞에서 발표를 잘하기 위해선 철저한 준비가 필요하단다. 그 준비물이 바로 발표 원고지. 성공적인 발표는 철저히 준비한 발표 원고에서 나온다는 사실을 잊지 말도록 해라. 알았지?"

"예. 그럴게요."

갑자기 이율곡은 고개를 두리번거렸다.

"이런! 내가 영웅이 너랑 너무 많은 시간을 보낸 것 같구나. 곧 '은병정사' 개관식이 열리는데 어서 가봐야 할 것 같다."

그때였다. 어디서 날아왔는지 파란 유리공이 영웅이의 머리 위에 나타났다. 영웅이는 직감적으로 알 수 있었다.

"선생님, 저도 이제 가봐야 할 시간이 된 것 같아요."

"그렇구나. 너에게 줄 것이 있다. 자, 받아라."

이율곡은 소매 속에서 종이 한 장을 꺼냈다.

"이 종이에는 발표 원고를 쓰는 비법이 적혀 있단다. 너에게 도움이 되었으면 좋겠구나. 그럼 조심히 잘 가렴."

"예. 그럴게요. 선생님도 안녕히 계세요."

영웅이의 얼굴에 아쉬운 표정이 역력했다. '은병정사' 개관식에도 참석하고 싶었지만 시간이 허락하지 않았다. 파란 유리공의 빛이 점점 강해지고 있었다.

"그럼 먼저 가세요. 저는 선생님께서 주신 종이를 읽고 가겠습니다."

"그래 그렇게 하렴."

이율곡은 길모퉁이를 돌아 유유히 사라졌다. 영웅이는 종이를 펼쳐보았다. 그 종이에는 다음과 같이 적혀 있었다.

발표력 향상을 위한 두 번째 비법

발표 원고는 첫째, 둘째, 셋째(서론, 본론, 결론)의 형식을 갖춰 써라

학생회장이나 대통령 같이 말 잘하는 사람을 보면 나도 저렇게 말을 잘했으면 좋겠다는 생각이 들 거야. 그렇다면 그들이 그렇게 말을 잘 하는 이유는 뭘까? 그건 바로 말하기 전에 말할 내용을 미리 머릿속으로 생각하고 정리하기 때문이야. 무슨 일이든 준비를 철저히 해야 더 좋은 결과를 낼 수 있는데 발표도 마찬가지란다. 발표 원고를 철저히 준비할수록 더 성공적으로 발표를 마칠 수 있어. 그렇다면 발표 원고는 어떤 식으로 준비를 해야 할까?

훌륭한 발표 원고에는 공통점이 있단다. 그건 바로 첫째, 둘째, 셋째(서론, 본론, 결론)의 3단계 형식을 갖추고 있다는 거야. 발표 원고는 일기나 편지와는 성격이 달라서 정확한 정보를 주는 건 물론이고 자기의 생각을 주장하여 남을 설득할 수 있어야 하기 때문에 3단계의 역할에 맞게 원고를 구성해야 해.

1단계. 서론 구성하기

서론의 핵심은 발표하는 목적이나 문제를 제기하는 거야. 그리고 서론을 구성하는 데 있어서 중요한 건 창의성이란다. 첫 단추가 중요한 것처럼 처음부터 창의적이고 참신한 글로 시작한다면 청중들의 관심과 집중을 너에게 모을 수 있을 거야.

2단계. 본론 구성하기

본론의 핵심은 서론에서 제기한 문제에 대해 자료나 적절한 예를 통해 문제에 대한 대책을 제시하는 거야. 자신이 주장하고 싶은 것을 뚜렷하게 드러내는 게 보다 중요하겠지.

3단계. 결론 구성하기

결론의 핵심은 깔끔한 마무리야. 결론에서는 서론과 본론에서 말했던 것을 간단히 요약하여 주장하고 싶은 말을 다시 한 번 강조하는 게 좋아. 주의할 점이 있다면, 서론이나 본론에서 나오지 않은 내용을 새롭게 제시하는 건 좋지 않아. 주장하고자 하는 내용이 흐려질 수 있으니까 말이야.

자, 이제 원고 작성하는 요령에 대해 알았지?

참, 한 가지 더! 대부분 서론, 본론, 결론의 순서를 기본으로 하지만 그렇다고 반드시 이 순서대로 원고를 작성하는 건 아니란다. 만약 청중에게 처음부터 관심과 집중을 받기 원하거나 전체적인 분위기를 나에게 끌어 오고 싶다면, 과감하게 결론, 본론, 서론으로 순서를 바꿔도 상관없어.

훌륭한 발표 원고가 결국 훌륭한 발표자를 만드는 거란다. 지금 바로 발표 원고를 직접 작성해보는 건 어떨까? 주제는 아무 거나 상관없어. '자연보호', '이웃돕기', '내가 반장이 된다면' 등등.
첫째, 둘째, 셋째(서론, 본론, 결론)의 형식을 잘 기억하며 발표 원고를 작성한다면 넌 분명 훌륭한 발표왕이 될 거야.

인물 알아보기

이율곡
1536~1584

조선 중기의 성리학자이자 정치가로, 이름은 이이(李珥)고 호가 율곡(栗谷)이다. 율곡의 어머니는 우리 시대를 대표하는 어머니인 신사임당이다. 과거에 아홉 차례나 장원급제한 것으로도 알려진 이율곡은 호조·이조·형조·병조 판서 등을 지냈으며 정치인들의 갈등을 해소하는데 많은 노력을 기울였다. 저서로는 《성학집요》,《격몽요결》,《기자실기》 등이 있다.

제3교시
링컨 선생님의 발표력 수업

파란 유리공의 빛은 너무나 강했다. 정신을 잃고 쓰러진 영웅이는 한참이 지난 후에 가까스로 정신을 차렸다. 그런데 이상한 냄새가 코를 찔렀다.

"윽, 이게 무슨 냄새지?"

영웅이는 코를 틀어막았다. 무언가 불에 타는 냄새 같았다. 영웅이는 고개를 이리저리 돌리며 주위를 살펴보았다. 여기저기에 연기가 피어오르고 있었고 총과 칼 등이 길바닥에 너부러져 있었다. 마치 사막 같은 황량한 배경에 폐허가 된 건물까지, 점점 무서워지기 시작한 영웅이는 큰 나무 아래 웅크려 앉았다.

"도… 도대체 여기가 어디지?"

그런데 그때, 발자국 소리가 들렸다. 영웅이는 잽싸게 발자국 소리가 나는 쪽으로 고개를 돌렸다. 작은 키에 얼굴에는 구레나룻과 턱수염이 있는 남자였다. 인자하면서도 조금은 강직인 인상이었다. 그 남자는 영웅이 쪽으로 뚜벅뚜벅 걸어왔다. 영웅이는 잔뜩 긴장한 얼굴로 침을 꿀꺽 삼켰다.

"누… 누구세요?"

"네가 영웅이니?"

"예. 그런데 아저씨는 누구세요?"

"나는 링컨이란다."

"리… 링컨요? 그 링컨 대통령이라고요?"

"그래, 맞다."

영웅이는 믿을 수 없다는 듯 고개를 흔들며 뒤로 몇 발자국 물러났다.

"사실 나도 네가 나를 찾아온다는 것을 믿지 못했단다. 그런데 지금 너를 보니까 내 꿈을 믿을 수 있겠구나. 그러니 너도 믿으렴."

"네, 믿을게요. 그런데 여기가 어디죠? 그리고 지금이 몇 년도에요?"

"여기는 펜실베이니아 주에 있는 게티즈버그라는 곳이란다. 그리고 지금은 1863년 11월 19일이란다."

링컨은 다정하게 말했다.

"그런데 대통령님은 왜 여기 계세요? 백악관에 계셔야 하는 거 아닌가요?"

링컨은 잠시 입을 꾹 닫은 채 침통한 표정을 지었다.

"왜 그러세요?"

영웅이는 미간을 찌푸리며 물었다.

"오늘은 참으로 슬픈 날이기도 하고 또한 새로운 희망으로 가는 날이기도 하단다."

링컨은 나지막한 목소리로 계속 말했다.

"여기 게티즈버그는 남북전쟁이 가장 치열했던 곳이지. 미국은 남군과 북군으로 나뉘어 오래도록 전쟁을 했고, 마침내 이곳에서 남군의 항복으로 북군이 승리를 했단다. 내가 이끄는 북군이 이겨 기쁘기도 하지만 안타까운 일은 바로 이곳에서 남군과 북군의 병사들이 너무나 많이 죽었다는 거야."

링컨의 눈시울이 붉어졌다. 영웅이도 마음이 무거웠다.

"이런, 분위기가 너무 가라앉았구나. 미안하다."

"아니에요."

"참 오늘 네가 나를 찾아온 이유가 뭐였더라? 꿈속에서 분명 들었는데 요즘 너무나 정신이 없다보니 까먹고 말았구나."

영웅이는 머리를 긁적이며 말했다.

"전 발표력이 너무 부족해요. 발표력을 키우고 싶어서 이렇게 대통령님을 찾아온 거예요."

"아, 그래그래. 이제야 생각이 났다. 그래 너에게 발표력에 대해 일러주마."

"정말요? 발표를 잘하는 비법이 뭐예요?"

영웅이는 급한 마음으로 물었다.

"너무 서두르지 마라. 잠시 후에 내가 연설을 할건데, 그 연설을 잘 듣다보면 그 속에 답이 있을거야."

"연설요? 연설을 어디서 하는데요?"

링컨이 팔을 길게 뻗어 저 멀리 있는 장소를 가리켰다.

"저곳이란다. 저기가 바로 게티즈버그 전투에서 전사한 병사들의 무덤이야. 오늘 저곳에서 이 나라의 민주주의에 대해 연설을 할 거다."

"그럼 연설을 잘 들어볼게요."

링컨은 주머니에서 휴대용 시계를 꺼내 쳐다보았다.

"벌써 시간이 이렇게 됐구나. 이제 가봐야겠어. 연설이 끝난 후에 다시 보도록 하자."

"예."

링컨은 서둘러 사람들이 모여 있는 곳으로 향했다. 영웅이도 종종 걸음으로 뒤따라갔다. 그리고 나무 뒤에 숨어 링컨과 사람들을 지켜보았다. 사람들은 링컨에게 정중히 인사를 하며 예의를 갖췄다. 비서관 한 명이 링컨을 단상으로 안내했다.

"대통령님, 여기서 연설을 하시면 됩니다."

"그래, 알았네."

링컨은 연설하기에 앞서 잠시 두 눈을 감고 전쟁 중에 목숨을 잃은 병사들을 위해 묵념을 올린 뒤에 단상에 올랐다. 연설이 시작되자 영웅이는 귀를 쫑긋 세워 링컨의 연설에 귀를 기울였다.

[87년 전, 우리 조상들은 자유의 품속에서 살기 위해 이 대륙에 새로운 나라를 세웠습니다. 그런데 지금 이 나라는 남북으로 갈라져 서로 싸우고 있습니다. ……… 자유나 평등의 정신을 지키기 위해 용감하게 싸운 수많은 젊은이들이 지금 여기에 잠들어 있습니다. ………]

링컨은 잠시 연설을 멈추고 목을 가다듬었다. 그리고 더더욱 강한 어투로 연설을 했다.

[새로 출발해야 합니다. 그리하여 국민의, 국민에 의한, 국민을 위한 정치가 영원히 지구상에서 없어지지 않도록 힘써야 할 것입니다.]

짧은 연설이었지만 그 자리에 참석한 모든 사람들은 큰 감동을 받았다. 물론 영웅이도 마찬가지였다. 영웅이는 벅찬 가슴을 쓸어내리며 중얼거렸다.

"와, 정말 멋지다. 역시 대통령은 달라."

이 연설은 '게티즈버그 연설'로, 오늘날까지 링컨의 가장 뛰어난 연설 중 하나로 기억되고 있다.

링컨은 연설을 끝내고 영웅이가 있는 쪽으로 걸어왔다.
영웅이는 존경의 마음으로 고개를 숙여 링컨에게 인사를 했다.
"정말 멋졌어요. 정말로 대단했어요."
"그래 고맙구나. 밤새 연습하고 고민했던 보람이 있군."
영웅이는 두 눈을 크게 뜨며 물었다.
"밤새 연습하셨어요?"

"당연하지. 밤새 연설 원고를 읽고 고치고 읽고 고치고 수도 없이 반복했단다."

"아, 그렇군요."

"참, 연설을 잘 들으면 발표를 잘하는 비법을 알 수 있다고 했지? 그 전에 나의 연설이 어떤 것 같니?"

영웅이는 잠시 생각에 잠겼다. 그리고 곧 입을 열었다.

"짧은 내용이었지만 하나하나 마음에 와 닿았어요. 그리고 특히, '국민의, 국민에 의한, 국민을 위한' 그 부분이 귀에 쏙쏙 잘 들어왔어요."

링컨은 갑자기 손바닥으로 무릎을 치며 말했다.

"영웅아, 바로 그거란다. 네가 스스로 비법을 깨달았구나."

"예? 그게 무슨 말씀이세요?"

영웅이는 어리둥절한 표정을 지었다.

링컨은 영웅이의 머리를 쓰다듬었다. 그러더니 갑자기 '도레미파 솔라시도' 계이름을 흥얼거렸다.

"어? 대통령님, 지금 뭐하세요?"

"이게 바로 비법이란다."

영웅이는 여전히 어리둥절한 표정을 지었다.

"영웅아, 잘 들으렴. 아까 네가 내 연설 중에 '국민의, 국민에 의한, 국민을 위한' 부분이 아주 정확하게 잘 들렸다고 했지?"

"예. 그런데 그게 왜요?"

"발표를 할 때는 목소리로 강약조절을 해야 한단다. 다시 말해서 '도레미파솔라시도'처럼 높낮이가 있어야 한다는 거지. 강하게 주장하고 싶은 대목을 말할 때는 '라시도'처럼 높고 강한 목소리를 내야 한다는 말이다. 발표를 하는데 처음부터 끝까지 같은 음으로 말한다면 듣는 사람들이 얼마나 지루하겠니? 무슨 내용을 말하는지 잘 알아들을 수도 없을 거다. 그러니 너도 발표할 때 '도레미파솔라시도'를 늘 명심하길 바란다. 그러면 분명 청중들이 너의 말에 더더욱 귀를 기울일 것이고 네가 하고자 하는 말을 그들에게 정확히 전달할 수 있을 거야. 알았니?"

"예."

영웅이는 입술을 야무지게 포갠 채 고개를 끄덕였다.

그 순간, 영웅이의 머리 위로 파란 유리공이 나타났다.

영웅이는 눈을 치켜뜨고 파란 유리공을 바라보았다.

"어? 파란 유리공이다. 이제 저 가봐야 할 것 같아요. 이 파란 유리공의 빛이 점점 강해지면 전 사라지거든요."

"그렇구나. 영웅이 너를 만나 참으로 즐거웠다."

"저도 그래요."

작별이 아쉬운 듯 영웅이의 눈시울이 붉어졌다.

링컨은 영웅이의 손을 잡으며 다정하게 말했다.

"그나저나 상황이 좋지 않을 때라 너에게 신경을 많이 못 써준 것 같아 미안하구나."

"아니에요. 여기에 와서 너무나 많은 걸 배운걸요. 발표를 잘하는 비법 뿐만 아니라 대통령님이 나라를 사랑하고 국민을 아끼는 마음까지 정말 큰 감명을 받았어요."

"정말 그러니? 네가 그렇게 말해주니까 내 마음이 좀 가벼워지는 것 같구나. 그래, 너의 말처럼 나는 내 나라와 국민을 사랑한단다. 그리고 특히, 흑인들에게 평등과 자유를 주고 싶어. 인간은 피부색깔과 상관없이 모두 다 존중받고 인갑답게 살 권리가 있기 때문이지. 안 그러니?"

"예. 그래요."

파란 유리공의 빛이 점점 강해졌다.

영웅이는 손으로 눈을 가렸다.

"저 이만 가봐야겠어요. 빛이 너무 강해서 눈을 제대로 뜰 수가 없어요."

"나도 그렇구나. 어서 가봐라. 부디 멋진 발표왕이 되기 바란다. 참, 내가 이걸 깜박했네. 자, 받아라."

링컨은 바지 주머니에서 종이 한 장을 꺼내 영웅이에게 주었다.

"이게 뭐예요?"

"아까 말했던 '도레미파솔라시도' 발표법에 대해 상세히 적어놓았다. 잘 한 번 읽어보렴."

"예. 그럴게요."

그 순간, 파란 유리공은 아주 강한 빛을 발산했다. 곧 영웅이는 그 자리에서 연기처럼 사라지고 말았다. 그리고 링컨이 영웅이에게 준 종이에는 다음과 같은 내용이 적혀 있었다.

발표력 향상을 위한 세 번째 비법

강조할 부분을 효과적으로 말해라

혹시 음악회에 가본 적 있니? 음악회에서는 지휘자의 지휘에 맞춰 수많은 악기들이 아름다운 선율을 뿜어내지. 그런데 만약 그 많은 악기 중에 하나라도 제 음을 내지 못하고 이상한 소리를 낸다면 어떻게 되겠니? 아마도 음악회는 엉망이 되고 말 거야. 성공적인 음악회가 되기 위해서는 악기들이 각자의 소리를 제대로 내야 해.

마찬가지로 성공적인 발표를 하기 위해서도 소리가 중요하지. 다시 말해서 발표자의 목소리 말이야. 발표자가 감기에 걸려 목이 꽉 막혀 거친 목소리로 발표한다면 청중들은 인상을 찌푸리게 될 거야. 목소리 듣기가 거북해서 밖으로 뛰쳐나가고 싶을지도 모르지. 듣는 사람을 위해 발표자의 목소리가 이왕이면 맑고 아름다우면 좋겠지? 그러니 발표 전날은 특별히 목 관리를 잘 해야 한단다. 따뜻한 물을 자주 마시고, 혀도 잘 풀어 주고, 일찍 잠자리에 들도록 해야. 피곤하면 다음 날에 목이 잠기는 일이 종종 있으니까 말이야.

발표할 때 아름다운 목소리를 내는 것 못지않게 중요한 게 또 한 가지 있어. 그건 바로 '도레미파솔라시도'의 음처럼 목소리에도 높고 낮음이 있다는 거야. 다시 말해서 강하게 말해야 할 때와 약하게 말해야 할 때를 알아야 한다는 거지. 주장하거나 강조할 대목이 있으면 강하게 전달하는 게 중요해. 강조할 대목에서도 그냥 밋밋하게 지나간다면 청중들은 네가 주장하고 싶은 게 무엇인지 모를 테니까 말이야. 그러니 명심해. 말투와 강약을 달리하는 거야. 그러면 발표의 단조로움을 피할 수 있고 또한 주장하고 싶은 부분을 강조할 수 있어. 이번에는 내가 주장하고 싶은 대목을 보다 효과적으로 강조하는 방법을 알아볼까?

첫째, 강조할 대목은 힘 줘서 말하기

강조할 대목을 기존의 목소리보다 다소 높은 톤으로 말해 보자. 그리고 강조해서 말할 때는 청중의 눈을 똑바로 바라보면서 하는 게 좋아. 그래야 너의 주장과 의지가 강하게 전달될 수 있으니까 말이야.

둘째, 침묵을 이용하기

강조해야 할 대목에서 오히려 잠시 침묵을 해보자. 강조하려면 '솔라시도' 같은 높은 음으로 말하는 게 당연한데 갑자기 웬 침묵이냐고 고개를 갸우뚱거릴 수도 있겠지. 그러나 때론 침묵이 유용하게 쓰일 때가 있어. 강조하고자 하는 대목 앞에서 잠시 침묵을 하면 조용하기 때문에 오히려 청중들의 관심을 유도할 수 있거든.

셋째, 청중을 활용하기

강조하고 싶은 말이 있으면 그 말을 청중에게 질문하는 거야. 예를 들어 볼까?
"과학자가 되기 위해서는 모든 현상에 대해 일단 '호기심'을 가져야 합니다. 과학자가 되기 위해 뭘 가져야 한다고요? 그렇습니다. 바로 '호기심'입니다."
이렇게 호기심을 강조하기 위해서 청중에게 질문을 하는 거지.

발표는 쉬운 게 아니야. 그렇기 때문에 꾸준한 연습과 노력이 필요하지. 오늘부터 발표 연습을 하는 게 어때? 집에서도 간단히 할 수 있어. 일단 신문이나 책을 소리 내어 천천히 읽는 거야. 읽을 때는 위에서 배운 것처럼 효과적으로 강조하는 방법을 이용해 읽으면 되겠지? 그리고 또 하나, TV 속 아나운서의 말투와 표정을 그대로 따라서 하는 거야. 처음에는 어색하고 힘들겠지만 자꾸 연습하다 보면 너도 어느새 발표왕이 되어 있을 거야.

인물 알아보기

에이브러햄 링컨
Abraham Lincoln
1809~1865

미국의 제16대 대통령이다. 가난한 농민의 아들로 태어나 학교교육은 거의 받지 않았지만, 독학으로 학업을 마쳐 변호사가 되었다. 남북 전쟁에서 북군을 지도하며 연방을 보존하였으며, 노예제를 폐지하는 업적을 이뤘다. 게티즈버그에서 한 연설 중 '국민에 의한, 국민을 위한, 국민의 정부'라는 유명한 말을 남겼다.

제4교시
찰리 채플린 선생님의 발표력 수업

　파란 유리공이 점점 빛을 잃어가더니 갑자기 눈 깜짝할 사이에 연기처럼 사라졌다. 잠시 뒤, 영웅이가 몸을 뒤척거리며 눈을 가늘게 떴다. 주위는 칠흑처럼 어두웠다. 아무것도 보이지 않자 두려움이 몰려와 다시 눈을 질끈 감았다.
　"여기가 어딜까?"
　"쿵!"
　궁금한 마음에 빨리 불빛을 찾고 싶어서 엉금엉금 기어가던 영웅이가 무언가에 머리를 부딪쳤다.

"아, 머리야! 이게 뭐지?"

영웅이가 손을 뻗어 더듬더듬 만져보니 평평한 벽인 것 같았다.

"그래, 분명 이 근방에 불을 켜는 스위치가 있을 거야."

영웅이는 스위치를 찾으려 벽 주위를 더듬거렸다.

"찾았다!"

손가락 끝에 닿은 스위치를 켜자 백열등에 불이 들어오면서 순식간에 주위가 환해졌다. 영웅이는 눈을 찡그렸다. 어둠 속에 있다가 갑자기 환해지니까 너무나 눈이 부셨다.

서서히 눈을 뜬 영웅이는 그만 깜짝 놀라 소리치고 말았다.

"으악!"

눈앞에 무시무시한 고릴라가 있었다. 영웅이는 뒤로 쿵 하고 자빠졌다. 그런데 고릴라가 좀 이상했다. 몸통은 없고 얼굴만 보였다.

"어? 이상하다. 이게 어떻게 된 거지?"

영웅이는 용기를 내어 고릴라 앞으로 다가갔다. 그리고 손을 쭉 뻗어 고릴라 얼굴을 만져보았지만 움직이지 않았다. 자세히 보니 그건 진짜 고릴라가 아니라 고릴라 탈이었다.

"휴, 다행이다. 진짜 고릴라인 줄 알았잖아. 그나저나 여기가 어디지?"

영웅이는 주위를 자세히 살펴보았다. 그런데 여기저기에 이상한 것들이 널려 있었다. 군복, 아름다운 공주 옷, 경찰 제복, 총, 칼, 의자, 커피 잔, 그릇, 가발 등 각종 물건들로 가득했다.

"도대체 여기가 어디지? 그리고 이것들은 다 뭐야?"

영웅이는 이곳이 어떤 곳인지 더더욱 궁금했다. 그 때 드르륵 문이 열리는 소리가 들렸다. 영웅이는 황급히 옷들 사이로 몸을 숨겼다.

낯선 남자 한 명이 뚜벅뚜벅 걸어왔다. 영웅이는 긴장한 듯 더더욱 몸을 움츠렸다.

그러자 낯선 남자가 나지막한 목소리로 말했다.

"영웅아, 숨지 말고 나오렴. 네가 여기에 있는 거 다 알고 있어. 어서 나와봐."

영웅이는 일단 안심이 되었다. 자신의 이름을 안다는 것은 분명 자신을 가르칠 선생님이라는 게 분명했기 때문이다.

"네, 나갈게요."

영웅이가 모습을 드러냈다.

"네가 영웅이구나."

남자는 키가 작고 몸집도 아담했다.

"예. 그런데 아저씨는 누구시죠?"

"나는 배우란다. 그동안 연극을 했고 앞으로 영화배우로도 활약할 예정이야."

"정말요? 배우를 이렇게 가까이서 본 건 처음이에요. 그런데 아저씨 이름이…."

"아직까지는 유명하지가 않아서 이름을 말하기가 좀 그렇구나."

남자는 쑥스러운 듯 빙그레 웃으며 말했다.

"그래도 너를 만났으니 말해주마. 내 이름은 찰리 채플린이란다."

"찰리 채플린? 채플린?"

영웅이는 머리를 마구 긁어댔다. 그리고 생각에 잠겼다. 찰리 채플린이라는 이름이 왠지 낯설지가 않았다. 잠시 뒤, 영웅이는 두 눈을 크게 뜨며 말했다.

"아, 생각났다! 생각났어요! 찰리 채플린! 인터넷 검색하면서 본 것 같아요. 코믹 연기의 달인, 찰리 채플린! 그리고 유명한 영화감독님! 맞죠?"

영웅이는 다소 떨리는 목소리로 이어 말했다.

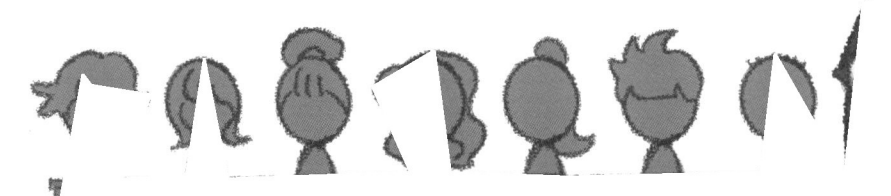

"아저씨가 정말로 찰리 채플린이에요? 정말요?"

"그래. 내가 찰리 채플린이란다. 그러나 아직까지 코믹 연기의 달인은 아니지. 아직 영화감독도 아니야. 난 지금 막 영화를 시작하는 신인 배우란다."

영웅이는 고개를 갸웃거리다 이내 위아래로 끄덕였다. 지금 만나고 있는 찰리 채플린이 유명세를 타기 전의 찰리 채플린임을 눈치챈 것이다.

"그런데 아저씨, 여기가 어디예요? 이상한 것들이 참 많아요."

"아, 여기는 영화에 쓰일 의상과 소품을 모아두는 창고란다."

"그렇군요. 그래서 희한한 것들이 많은 거군요."

"잠시 나 좀 도와줄래?"

"제가요? 뭘 도와드릴까요?"

"의상과 소품이 필요하니 찾는 걸 좀 도와주렴."

"그럴게요. 필요한 게 뭐예요?"

"지팡이와 중절모 그리고 콧수염. 음…그리고 헐렁헐렁한 바지, 낡은 구두 정도란다. 서둘러 찾도록 하자."

영웅이와 찰리 채플린은 의상과 소품을 찾기 시작했다. 혼자보다는 두 사람이 함께 할 때 더 큰 힘을 발휘하듯 둘이 함께 하니까 훨씬 더 빨리 의상과 소품을 찾을 수 있었다.

"휴, 다 찾았다. 수고 많았다. 영웅아."

찰리 채플린은 고마움의 표시로 영웅이의 머리를 쓰다듬어주었다.

"그런데 이 의상과 소품은 왜 찾으신 거예요?"

"곧 영화 촬영이 있는데 감독님이 나한테 기회를 주셨어. 무엇이든 좋으니 사람들을 웃겨보라는 거야. 사람들의 반응이 좋으면 나를 영화에 출연시켜준다고 약속했어. 그래서 의상과 소품을 준비하는 거란다. 많이 떨리는데 내가 잘 할 수 있을까?"

영웅이는 고개를 끄덕이며 큰소리로 말했다.

"잘할 수 있을 거예요. 아저씨는 정말로 잘해내실 수 있을 거예요."

"그래, 고맙다. 네가 응원해주니까 힘이 불끈불끈 샘솟는구나. 어서 준비를 해야겠어."

찰리 채플린은 준비한 옷을 입기 시작했다. 콧수염을 붙이고, 중절모를 쓰고, 큰 구두를 신은 다음 지팡이까지 집어 들었다.

순식간에 찰리 채플린은 딴 사람으로 변해 있었다. 뭐라고 할까? 적당히 나이가 먹은 것 같기도 하고 보기만 해도 왠지 웃음이 터져 나올 것 같은 느낌이랄까?

"영웅아, 어떠니? 네가 한 번 평가해주렴."

"방금 전 아저씨의 모습과는 확 달라 보여요. 완전 영화배우 같아요."

"정말 그렇게 보이니?"

"예."

영웅이는 연신 고개를 끄덕였다.

"영웅아 그럼 이번엔 내 연기를 한 번 봐주겠니? 사람들 앞에서 연기를 선보이기 전에 너에게 보여주마."

"와, 기대되는데요. 그리고 영광이에요. 아저씨의 연기를 직접 내 눈으로 볼 수 있다니!"

찰리 채플린이 호흡을 가다듬었다. 그리고 곧바로 연기를 시작했다.

[저는 찰리 채플린입니다. 하하하. 여기 모인 분들 다들 반갑습니다. 제가 하는 일이 궁금하신 눈치군요. 저는 시인이며 몽상가입니다. 그리고 모험가이기도 하죠. 한 마디로 방랑자, 나그네, 쉽게 말하면 거지입니다. 어? 지금 저를 얕잡아 보는 겁니까? 그러면 벌 받습니다. 저는 이래 봬도 춤이 아주 능숙합니다. 한 번 보여드릴까요?]

찰리 채플린이 녹음기를 틀자 경쾌한 음악이 흘러나왔다. 찰리 채플린은 음악에 맞춰 춤을 추기 시작했다. 중절모를 공중 높이 던졌다 다시 받는가 하면 지팡이를 빙빙빙 돌리고 구두를 질질 끌며 이

리저리 걸어 다녔다. 그 모습이 어찌나 우스꽝스럽던지 마치 오리 한 마리가 마당을 뒤뚱뒤뚱 걸어 다니는 것 같았다.

"하하하."

영웅이는 찰리 채플린의 행동에 자기도 모르게 웃음보가 터지고 말았다.

"너무 웃겨요. 정말 대박이에요. 얼굴 생김새며 움직이는 동작이 정말로 바보 같아요."

"바보? 내가 바보 같다는 거니?"

찰리 채플린은 눈을 동그랗게 뜨고 영웅이를 쳐다보았다.

"아…아니, 그게 아니고…. 죄송해요. 전 그게 아니라…."

찰리 채플린은 방긋 웃으며 말했다.

"죄송할 거 없다. 나는 방금 우스꽝스러운 바보 연기를 했어. 네가 바보로 봐줬다니 그럼 내가 연기를 정말 잘한 게 맞구나. 그렇지?"

"예. 그래요. 정말 멋진 연기였어요."

어느덧 찰리 채플린이 많은 사람들 앞에서 연기를 보여줄 시간이 되었다.

"영웅아, 이제 그만 너랑 헤어져야 할 것 같구나."

"예? 벌써요? 전 아직 발표에 대해 아무것도 배우지 않았는데…."

영웅이는 입술을 쭉 내밀었다. 그러자 찰리 채플린은 고개를 내저으며 말했다.

"나는 이미 모든 것을 너에게 가르쳐줬다."

"이미 모든 것을 가르쳐 주셨다고요?"

영웅이는 너무나 황당했다. 발표에 대해 한 마디도 꺼내지 않았으면서 다 가르쳐주었다니 이해할 수가 없었다.

"도대체 저에게 뭘 가르쳐주셨다는 거죠?"

찰리 채플린은 차분한 목소리로 영웅이에게 말했다.

"영웅아, 생각해보렴. 내가 연기할 때 말만 했니?"

"아니요. 말뿐만 아니라 춤도 추고 오리처럼 뒤뚱뒤뚱 걸어 다녔어요. 좀 우스꽝…."

찰리 채플린은 영웅이의 말을 가로채며 강한 어투로 말했다.

"그래, 바로 그거란다. 남들 앞에서 발표를 할 때 말만으로는 부족하기 때문에 말을 더욱 돋보이게 하는 또 다른 표현법이 필요한 거야. 그게 바로 손짓, 몸짓 같은 행동이란다."

찰리 채플린은 계속해서 말했다.

"만약 내가 연기를 할 때 말만 했다면 아마 너는 웃지 않았을 거야. 내가 행동을 했기 때문에 너는 나의 연기에 더더욱 관심을 갖게 되었고 또한 웃음이라는 반응까지 보인거지. 알겠니? 이게 내가 너에게 가르쳐주는 발표력 향상의 비법이란다."

영웅이는 그제야 고개를 끄덕였다.

"저는 이제까지 발표를 잘하기 위해서는 말만 잘하면 되는 줄 알았는데 그게 아니군요. 새로운 걸 배운 것 같아서 기분이 너무 좋아요."

"네가 좋아하니 나도 좋구나. 아, 벌써 시간이 다 됐네. 이제 그만 나가봐야겠다. 좀 걱정이구나. 오늘 연기를 제대로 보여줘서 영화 출연의 기회를 얻어야 하는데 말이다."

"아저씨는 분명 사람들에게 웃음과 감동을 줄 거예요. 그렇게 우스꽝스러운 아저씨의 표정과 몸짓을 보고 웃지 않을 사람이 이 세상에 어디 있겠어요? 만약 웃지 않는 사람이 있다면 그 사람은 죽은 사람일 거예요."

"고맙다. 그렇게 말해주니 큰 용기가 생기는구나. 오히려 내가 너에게 큰 걸 배운 것 같다. 참, 이 종이를 받으렴."

영웅이는 찰리 채플린이 건네는 종이를 받았다.

"그 종이에는 좀 전에 내가 너에게 말했던 발표력 향상 비법이 자세히 적혀 있단다. 늘 배우며 살았는데 이렇게 남을 가르치다니…. 종이에 적은 내용이 부족하더라도 너그럽게 봐주렴."

"아니에요. 오늘 정말 많은 걸 배웠는걸요."

어느새 영웅이의 머리 위에 파란 유리공이 나타났다. 파란 유리공은 서서히 빛을 뿜어내기 시작했다.

"아저씨, 얼른 가보세요. 저도 가봐야 할 시간이 되었어요."

"그래, 알았다. 우리 같이 힘내보자! 알았지?"

영웅이와 찰리 채플린은 주먹을 불끈 쥐며 공중에 팔을 쭉 뻗었다. 그리고 힘차게 외쳤다.

"파이팅!"

찰리 채플린은 미소를 지으며 문을 열고 창고 밖으로 나갔다. 영웅이는 찰리 채플린이 준 종이를 펼쳐보았다. 그 종이에는 삐뚤삐뚤 아주 작은 글씨로 다음과 같이 적혀 있었다.

발표력 향상을 위한 네 번째 비법

자기만의 손동작이나 몸짓 등을 계발하라

올림픽에서 국가대표 선수가 금메달을 따는 순간 손가락 하나를 하늘 높이 올렸는데 그 모습이 참 멋있었어. 또 다른 선수는 두 손을 모아 기도하는 모습을 보여주기도 했지. 이처럼 기쁨을 표시할 때나 아니면 자신을 돋보이게 할 때 흔히들 자기만의 손동작이나 몸짓을 한단다. 손동작과 몸짓이 사람들의 기억 속에 오래 남고 인상적이기 때문이야.

발표할 때도 마찬가지란다. 말만 계속하는 것보다는 말하는 중간 중간에 자기만의 손동작이나 몸짓을 하는 게 좋아. 그래야 청중들의 시선과 관심을 끌어모을 수 있거든. 노래와 춤을 함께 잘하는 가수가 더 많은 팬들의 사랑을 받는 것과 같은 이치라고 할 수 있지. 그렇다면 발표자가 어떤 표정과 행동을 해야 하는지 같이 한 번 알아볼까?

첫째, 웃는 표정 짓기

웃는 얼굴을 하고 있으면 듣는 사람도 마음 편히 경청할 수 있어. 잔뜩 인상을 쓰며 말하거나 화를 내듯 말하면 듣는 사람은 마음이 불편해져서 더 이상 듣고 싶지 않거나 딴 생각을 할지도 모르거든.

둘째, 강조할 대목에서 주먹을 쥐거나 주먹으로 단상 내려치기

발표를 할 때, 이것만은 꼭 강조하고 싶고 설득하고 싶은 대목이 있을 거야. 그때 목소리를 크게 내는 것뿐만 아니라 다소 과격하더라도 행동으로 보여주는 것이 좋아. 주먹을 불끈 쥐며 말한다던지 그것도 부족하다 싶으면 때론 단상을 '쿵'하고 주먹으로 내려치는 것도 필요해. 적절한 순간에 청중의 눈과 귀를 사로잡는거지.

셋째, 청중에게 고개를 쑥 내밀거나 가까이 다가가기

청중들이 나의 발표 내용을 지루해 한다고 느껴질 때는 청중과의 거리를 좁히는 것도 필요해. 고개를 쑥 내민다든지 아니면 과감히 청중 가까이 다가가는 거야. 그러면서 되레 청중에게 질문을 던지며 분위기를 전환하는 거지. 그럼 분명 다시 발표자의 말에 귀를 기울일 거야. 이처럼 발표할 때, 표정이나 손동작 그리고 몸짓 등을 적절하게 사용하면 발표력을 훨씬 더 향상시킬 수 있을 거야.

TV에 나오는 유명한 사회자들의 손짓과 행동을 유심히 살펴보도록 해. 그들의 손짓과 행동을 잘 보고 나에게 맞는 동작이 뭔지 발견해서 그걸 내것으로 만드는 거야.

발표에 있어서 중요한 게 또 하나 있어 그건 바로 '유머'야. 재밌는 사람을 싫어하는 사람은 이 세상에 아무도 없을 거야. 유머는 사람들을 행복하게 만들고 집중시킬 수 있지. 그러니 발표 중간 중간에 적절하게 유머 한 토막을 말하는 것도 괜찮아. 그렇다고 발표의 방해가 될 정도로 웃기는 얘기만 계속하면 곤란하겠지?

마지막으로 유의할 점을 말해줄게. 손동작과 몸짓 그리고 유머가 발표의 중심이 되어선 안 돼. 다시 말해서 발표는 말 그대로 말을 통해 나의 의견이나 주장을 전하는 거니 기본적으로는 말이 중심이 되어야 해. 그 외의 것들은 말을 도와주는 부속품 같은 거야. 쉽게 말해서 말이 삼겹살이면 손동작, 몸짓, 유머는 쌈장과 같은 거지. 둘이 적절하게 잘 조화를 이룰 때 최고의 발표력이 발휘될 거야. 알겠지? 오늘 밤, 거울을 보며 너만의 제스처를 연습해 봐. 처음엔 어색하겠지만 자꾸 하다보면 곧 너의 것이 될 거야. 그리고 어느새 발표왕으로 우뚝 서게 될 거야.

인물 알아보기

찰리 채플린
Charlie Chaplin
1889~1977

영국의 희극 배우이자 감독이며 제작자이다. 어린 시절 어려운 가정형편 때문에 빈민구호소를 전전했으며, 아역 배우로 일하면서 하루 벌어 하루를 연명하며 지냈다. 17세 무렵 본격적으로 연기를 시작한 그는 콧수염, 헐렁한 바지, 커다란 구두, 지팡이, 중산모 등을 이용한 '리틀 트램프'라는 캐릭터를 만들어 영화 산업계 역사상 가장 중요한 캐릭터 중 하나로 인정받으며 인기를 끌었다.

제5교시
오바마 선생님의 발표력 수업

영웅이의 머리 위에 있던 파란 유리공이 점점 빛을 잃더니 어디론가 사라져 버렸다. 영웅이는 서서히 눈꺼풀을 올렸다.

"여기는 또 어디지?"

영웅이가 이번에 도착한 곳은 어느 거실이었다. TV도 있고 책장도 있고 소파도 있는 여느 집 거실과 별 다를 바 없는 평범한 느낌이었다.

"도대체 누구의 집일까?"

영웅이는 거실을 천천히 둘러보았다. 그런데 책장에 꽂혀 있는 책들을 보니 죄다 영어 제목이었다. 여기가 한국이 아니라는 건 확실했다.

"미국일까? 아니면 영국?"

영웅이는 TV 위에 놓인 작은 액자 속 사진 하나를 발견했다. 허리를 숙여 사진을 자세히 바라보니 사진 속 인물은 흑인 남자였다.

영웅이는 마음속으로 생각했다.

'내가 이번에 만날 사람이 바로 저 사진 속 인물인 게 분명해.'

그리고 소파에 앉아 새로운 선생님을 기다렸다. 그런데 기다린 지 20분이 지나도 선생님은 나타나지 않았다. 영웅이는 슬슬 마음이 조급해졌다.

"왜 이렇게 안 나타나는 거지? 다른 선생님들은 바로바로 나타났는데."

"하-암."

기다리는 게 지루해진 영웅이는 길게 하품을 했다. 그러다 갑자기 마음이 불안해졌다.

"혹시 파란 유리공이 나를 잘못 데려온 거 아닐까? 그럼 큰일인데… 어떡하지?"

시간은 째깍째깍 잘도 흘러갔다. 벌써 이곳에 온지 50분이나 지났다. 영웅이의 마음속엔 점점 불안감이 쌓여갔다. 이러지도 못하고 저러지도 못하고 참으로 답답했다.

"에잇, 나보고 어떻게 하란 말이야!"

영웅이는 투덜거리며 소파에 드러누웠다. 막상 소파에 눕고 나니 희한하게도 불안감이 조금은 수그러지는 것 같았다. 소파가 푹신해서 마치 침대같이 편했다.

"하-암."

다시 한 번 길게 하품을 했다. 슬슬 잠이 오기 시작한 영웅이는 잠을 쫓기 위해 감긴 눈을 번쩍 떠봤지만 이미 쏟아지기 시작한 잠을 도저히 참을 수가 없었다. 결국 영웅이는 소파에 누워 스르르 잠이 들고 말았다.

한참 뒤에 누군가 영웅이의 어깨를 살짝 흔들었다. 영웅이는 몸을 뒤척이더니 이내 눈을 떴다.

"누… 누구세요?"

영웅이는 눈을 비비며 말했다.

"네가 영웅이니? 많이 피곤했던 모양인데 괜히 깨운 것 같구나."

"아니에요. 제가 그만 깜빡 잠이 들었네요."

영웅이는 소파에서 벌떡 일어났다. 그리고 그를 똑바로 쳐다보았다. 영웅이가 짐작한 대로 작은 액자 속 사진과 똑같은 사람이었다.

"그런데 누구세요?"

"내 이름은 버락 오바마란다."

"버락 오바마?"

영웅이는 눈을 깜박거리며 잠시 생각에 잠겼다. 어디서 들어 본 이름 같기도 하고 아닌 것 같기도 했지만 끝내 생각나지 않았다.

"날 잘 모르는구나? 난 미국인이고, 현재 미국 대통령 후보란다. 대통령이 되기 위해 열심히 유세 중이지."

"와, 그럼. 미국의 대통령이 될 수도 있단 말인가요?"

"국민이 나를 원한다면 가능하겠지?"

"정말 멋져요. 대단해요!"

오바마는 영웅이의 손을 잡으며 말했다.

"아무튼 내가 너한테 사과부터 먼저 해야겠다."

"저한테요?"

"그래, 손님을 초청해놓고 이렇게 많이 기다리게 했으니 말이야. 정말 미안하구나."

오바마는 가볍게 고개를 숙여 영웅이에게 사과했다. 그러자 영웅이는 어찌할 바를 모르며 고개를 내저었다.

"아니에요. 이러실 필요까지 없어요. 선생님 덕분에 편히 쉬었는 걸요."

그런데 거실 창문을 통해 사람들이 웅성거리는 소리가 들렸다. 영웅이는 고개를 돌려 창밖을 바라보았다. 많은 사람들이 집 주위에 있는 듯 했다. 영웅이는 창문 쪽으로 가까이 다가가 밖을 내다보았다.

"파지직 파지직."

창문 밖에는 수많은 불빛이 반짝리고 있었다. 깜짝 놀란 영웅이는 뒤로 물러났다.

"집 주위에 사람들이 가득한데 무슨일이죠?"

오바마는 대수롭지 않다는 듯 침착한 어조로 말했다.

"나를 지지하는 국민들이야. 더러는 신문 기자와 방송국 기자도 있긴 하지. 그들은 하루 종일 나를 따라 다닌단다. 기자들은 '새로운 뉴스거리가 없나' 하고 나를 늘 주시하고 있어."

"와우! 정말 놀라워요. 선생님은 정말 대단한 스타군요. 정말 죄송해요. 이번에는 제가 사과를 해야겠네요. 이렇게 유명한 분을 제가 못 알아보다니."

영웅이는 오바마에게 고개를 숙였다.

그러자 오바마는 고개를 내저었다.

"괜찮아. 사과까지 할 필요 없어. 내가 뭐 그리 대단한 사람도 아닌데 말이야."

영웅이는 갑자기 고개를 좌우로 돌리며 뭔가를 찾기 시작했다.

"영웅아, 너 뭘 찾는 거니?"

"혹시 종이랑 펜 있나요?"

"그건 왜?"

"왜긴요. 미국 대통령이 될지도 모르는 분이 바로 눈앞에 있는데 당연히 사인을 받아야죠."

오바마는 미소 지으며 말했다.

"이러지마라 영웅아. 날 정말 난처하게 할 거니?"

"죄송해요. 제가 너무 흥분을 했나봐요. 그런데 궁금한 게 있어요."

"그래 뭐든지 물어보렴."

영웅이는 손가락으로 머리카락을 비비 꼬며 말했다.

"그런데 어떻게 대통령 후보까지 된 거예요? 아무나 될 수 없잖아요."

오바마는 바로 대답하지 않았다. 그리고 잠시 뒤에 입을 열었다.

"그 대답을 하기 전에 너에게 보여줄 게 있단다. 잠시 기다리렴."

오바마는 방에 들어가더니 사진 한 장을 가지고 나왔다.

"이 사진을 보겠니?"

"이게 누구예요? 혹시 아빠인가요?"

"정답! 나의 아빠와 엄마 사진이란다."

"그런데 왜 이 사진을…."

오바마는 눈을 지그시 감더니 나지막한 목소리로 말했다.

"옛날 이야기를 하나 해주마. 한 소년이 있었어. 소년의 아버지는 흑인이고, 어머니는 백인이었는데, 이혼을 했지. 그리고 몇 년 후에 어머니는 인도네시아 출신의 남자와 재혼을 했어. 그런데 다시 또 이혼을 하고 말았단다. 소년은 한 번도 아닌, 두 번씩이나 부모님의 이혼이라는 아픔을 겪게 되었지. 더군다나 초등학교 시절에는 피부색이 검다는 이유로 친구들로부터 왕따를 당하기도 했단다. 힘겨운 나날을 보내며 청소년이 된 그는 세상에 대한 불만과 자신이 처한 상황이 너무나 괴로워 술독에 빠져 살기도 했고, 마약에도 손을 댔어. 그러나 곧 정신을 차리고 열심히 공부를 했지. 그리고 마침내 1988년 하버드대학교 법학과에 입학하기에 이르렀어. 그 후 변호사가 된 그는 정치까지 입문하게 되었지. 우울하고 힘든 어린 시절을 보낸 그 소년이 누군지 아니?"

영웅이는 알겠다는 듯한 표정을 지으며 고개를 끄덕였다.

"선생님이 그 소년인거죠?"

"그래, 맞았어. 바로 나야. 난 청소년 때 참으로 못된 아이였단다. 지금도 그 시절이 후회가 돼. 내가 정말 왜 그랬는지 몰라."

오바마는 영웅이의 눈을 바라보며 다정하게 말했다.

"영웅아, 너도 나처럼 후회할 만한 일은 하지 말아야 한다. 알았지?"

"예. 그럴게요. 그나저나 제 질문의 답은 언제 해주실 거예요? 어떻게 대스타가 되었는지 정말 궁금해요."

오바마는 진지한 표정으로 대답했다.

"그 비결은 말이지… 나의 모든 것을 솔직하게 말하는 것이란다. 방금 너에게 나의 어린 시절 이야기를 털어놓은 것처럼 말이야."

"솔직하게 모든 것을요? 그럼 불리할 수도 있잖아요."

영웅이는 입술을 내밀며 말했다.

"물론 그렇지. 사람들은 대부분 자기의 약점이나 단점을 감추려고 하지. 그러나 나는 그러지 않았어. 내 약점이나 단점이 있으면 그 모습 그대로 보여줬지. 처음에는 사람들이 나를 손가락질했어. 심지어 욕하는 사람들도 있었단다. 그러나 어느 정도의 시간이 지나자 사람들이 나의 약점과 단점 그리고 상처까지 이해해줬어. 바로 이게 중요한 부분이란다. 진실한 마음으로 이야기하면 사람들은 공감

하고 감동을 받지. 나의 진실한 마음이 통했기 때문에 내가 지금 대통령 후보까지 될 수 있었던 거야."

"아, 그렇군요. 저도 선생님의 어린 시절 이야기를 들으니 너무나 흥미로웠어요. 물론 좀 안타깝긴 했지만요. 그나저나 발표력을 키워주는 비법은 언제 가르쳐주실 거예요?"

영웅이는 눈을 동그랗게 뜨며 물었다.

오바마는 황당하다는 듯한 표정을 지었다.

"이미 벌써 다 가르쳐줬는데 또 뭘 배우겠다는 거니?"

"네? 그렇다면 혹시 비법이 진실한 마음으로…."

"그래, 그거야."

오바마는 영웅이의 말을 가로채며 말했다.

"내가 너에게 가르쳐줄 것이 바로 그거란다. 사람들에게 공감을 얻어내고 감동을 주기 위해선 말하는 사람이 진실되고 솔직해야 해. 거짓말을 하는 사람의 말에 누가 귀를 기울이겠니?"

"맞아요. 거짓말을 하는 사람은 정말 싫어요."

오바마는 진지한 표정으로 계속 말했다.

"진실은 힘이 강하단다. 사람들을 움직일 수도 있는 거야. 영웅이 너도 사람들 앞에서 말할 기회가 온다면 숨김없이 너의 모든 것을

다 보여주길 바란다. 그러면 분명 사람들이 너의 말에 공감을 하고 너의 편이 되어줄 거야."

"네, 그럴게요."

어느덧 또 헤어질 시간이 되었다. 영웅이의 머리 위에 파란 유리공이 나타난 것이다. 영웅이의 얼굴이 아쉬움으로 가득 찼다. 영웅이는 매번 좋은 시간을 방해하는 파란 유리공이 미웠다. 마음 같아선 공을 저멀리 던져버리고 싶었다. 그런데 아무리 손을 뻗어 잡으려 해도 파란 유리공은 손에 잡히지 않았다. 어느새 빛이 점점 강해졌다. 어쩔 수 없이 작별을 해야만 했다.

"선생님, 저 이제 그만 가봐야겠어요."

"그렇구나. 나도 이제 하루를 정리해야겠어. 내일 또 유세가 있거든."

"네, 그럼 안녕히 계세요."

영웅이는 고개를 숙여 꾸벅 인사를 했다.

오바마도 고개를 숙였다.

"만나서 너무 반가웠다. 그리고 기회가 된다면 또 만나자. 알겠지?"

"네, 꼭 대통령이 되길 바랄게요."

"그래, 고맙다."

오바마는 서둘러 책장에서 책 한 권을 꺼내왔다. 그리고 그 책 속에서 종이 한 장을 꺼냈다.

"자, 받으렴. 발표력 향상을 위한 나만의 비법을 정리한 거란다. 영웅이 너에게 많은 도움이 되었으면 한다."

"예. 고맙습니다."

파란 유리공이 강렬하게 빛을 뿜어내기 시작했다. 이제 정말 가야 할 시간이었다. 그 때 영웅이가 갑자기 오바마에게 종이를 내밀었다.

"아까 사인해주신다고 했잖아요. 어서 사인해주세요."

오바마는 웃으며 말했다.

"영웅이 너 기억력 하나는 정말 좋구나. 알았다."

오바마는 종이 뒷면에 멋있게 사인을 했다. 영웅이는 사인이 적힌 종이를 가슴에 갖다 대며 행복해했다.

그 순간, 거실 전체에 빛이 퍼지며 영웅이가 사라졌다. 그리고 오바마가 영웅이에게 건네 준 종이에는 다음과 같은 글이 적혀 있었다.

발표력 향상을 위한 다섯 번째 비법

진실하고 공감이 가는
이야기로 말하라

진실의 힘은 강하단다. 어떤 사람이 아주 큰 잘못을 했다고 해도 진실한 눈빛으로 용서를 구한다면 그 사람을 용서할 마음이 생기기 마련이지. 그러나 아주 작은 잘못을 한 사람이라도 거짓된 마음으로 행동한다면 절대로 용서할 수 없는 게 인간의 마음이란다. 아무리 보잘 것 없고 가진 것 없는 사람이라도 진실이 통하면 좋은 결과에 닿을 수 있지. 이게 바로 진실의 힘이란다. 진실은 굳게 닫힌 문을 여는 열쇠와도 같은 거야. 그러니까 발표를 할 때 진실한 마음으로 진심을 담아서 말하기 바래. 물론 그렇게 하기 위해선 네가 말하는 내용에 한 치의 거짓도 없어야 되겠지. 거짓말은 언젠가는 밝혀지기 마련이니까.

또한 발표를 할 때는 청중들의 관심을 이끌어내야 한단다. 그러기 위해선 공감 가는 이야기로 다가가는 게 중요해. 예를 들어서 만약 청중이 할머니, 할아버지로 가득한데 발표할 때 신조어나 인터넷 용어(폼미쳤다, 킹받네, 중꺾마 등)를 많이 사용한다고 해봐. 할머니, 할아버지는 분명 이해가 되지 않아 고개를 갸웃거리실 거야. 발표를 할 때는 청중과 거리감을 줄일 수 있는 내용과 단어로 말해야 한다는 걸 명심해. 그렇다면 공감 가는 이야기는 어떻게 준비해야 할까?

첫째, 내가 경험한 이야기 말하기

사람들은 남이 겪은 이야기에 관심이 많기 때문에 나의 경험담을 이야기하면 공감을 불러일으킬 수 있어. 물론 숨김없이 솔직히 말을 해야겠지. 사람들은 솔직한 이야기에 반응하고 감동 받거든.

둘째, 흥미로운 예시 들기

나의 경험이 부족하다면 책이나 잡지, 신문 등에서 읽은 이야기를 해도 괜찮아. 무작정 설명하거나 주장하는 것보다는 흥미로운 이야기를 통해서 자신의 의견을 전달하는 게 훨씬 더 효과적이거든.

셋째, 인상적인 글귀로 공감 이끌어내기

이야기를 하나 해줄게. 목에 팻말을 건 장님 한 명이 길거리에 앉아서 구걸을 하고 있었어. 그런데 어찌 된 일인지 지나가는 사람들이 장님 앞에 멈춰 서더니 다들 팻말의 적힌 글귀를 보며 고개를 끄덕이는 거야. 장님 앞에 놓인 깡통은 순식간에 돈으로 가득 찼지. 팻말에 뭐라고 적혀 있었기에 사람들이 장님을 도운 걸까? 팻말에는 다음과 같이 적혀 있었어.

> 봄이 와도
> 나는 꽃을 볼 수 없습니다

멋진 글귀 하나가 사람의 마음을 열게 하고 감동까지 주는 것 처럼 발표할 때도 기억에 남을 만한 인상적인 말 한 마디가 중요해. 발표하기 전에 미리 감동적이고 인상적인 말 한 마디를 준비해보렴. 평소에 명언집이나 영화 속 대사, 또는 책 속에서 멋진 글귀를 발견하면 미리미리 메모를 해놓는 것도 좋겠지. 발표는 곧 준비야. 듣는 이보다 더 많은 이야깃거리, 자료수집 그리고 열정적인 자신감만 있다면 분명 최고의 발표왕이 될 수 있을 거야. 알겠지? 그리고 명심해. 성공은 준비된 자에게만 찾아오는 선물이라는 사실을 말이야.

인물 알아보기

버락 오바마
Barack Obama
1961~

미국의 제44대 대통령이다. 어린 시절 우울한 가정 환경 속에서도 꿋꿋하게 자라서 하버드 로스쿨을 졸업하고 인권변호사가 되었으며, 일리노이주 상원의원(3선)을 거쳐 연방 상원의원을 지냈다. 2008년 민주당 대통령 후보로 출마하여 미국 최초의 아프리카계 유색 인종 대통령이 되었다.

영웅, 발표왕으로 다시 태어나다

"영웅아! 영웅아! 일어나봐. 정신 좀 차려봐!"

희미하게 누군가가 자신의 이름을 부르는 것 같았다. 영웅이는 눈썹을 파르르 떨며 천천히 눈을 떴다.

"어? 도깨비님?"

영웅이는 도깨비의 손을 덥석 잡으며 반가워했다.

"그래, 학교 수업은 잘 받았니?"

"예. 너무 즐겁고 좋았어요. 그리고 발표에 조금 자신감이 생겼어요."

"그래? 정말 다행이다."

영웅이와 도깨비는 손을 잡고 숲을 걸었다. 어느새 숲이 끝나고 문 앞까지 오게 되었다.

영웅이는 아쉬움 가득한 표정으로 말했다.

"이제 헤어져야 해요?"

"응. 그래야 해."

도깨비도 헤어짐을 아쉬워했다.

"영웅아, 만남이 있으면 헤어짐도 있는 거야. 그렇다고 너무 슬퍼하지 마. 다음에 또 만날 것을 기대하면서 서로를 생각하면 되니까 말이야. 이제 어서 가 봐. 이러다 학교 늦겠다."

"네, 알았어요."

영웅이가 문 손잡이를 돌려 바깥세상으로 나가려는 그 순간, 갑자기 도깨비가 영웅이를 불렀다.

"영웅아, 잠깐만!"

영웅이는 고개를 돌려 도깨비를 쳐다보았다.

"왜요?"

"너에게 줄 선물이 있어."

"선물요? 그게 뭔데요?"

"일단 손을 내밀어봐."

영웅이는 잔뜩 기대에 찬 표정을 하고는 손을 내밀었다.

도깨비는 자신의 손바닥을 영웅이의 손등위에 올려놓았다. 그러더니 마치 도장을 찍듯 꾹 눌렀다.

"자, 손등을 한 번 보렴."

"어? 도깨비님 얼굴이잖아요!"

"그래, 내 얼굴이야. 나를 잊지 말고 영원히 기억해줘. 알았지?"

"매일매일 생각할게요."

"꼭 발표왕이 되어야 한다. 알았지?"

영웅이는 고개를 끄덕이며 야무진 표정으로 미소를 지었다.

"이제 정말 가야겠다. 학교 늦겠어."

"예. 안녕히 계세요."

영웅이는 손을 흔들며 작별인사를 한 뒤, 문을 열고 바깥세상으로 나갔다.

* * *

거리는 여느 때와 똑같았다. 자동차가 도로를 쌩쌩 달리고, 자전거를 타고 지나가는 사람, 학교를 가는 학생들도 보였다.

영웅이는 숨을 한껏 들이마신 다음 내쉬면서 중얼거렸다.

"정말 멋진 수업이었어."

영웅이는 아쉬운 마음에 마법의 가게를 다시 한 번 쳐다보았다. 그런데 '마법의 숲'이라는 간판이 온데간데없었다.

'분명 '마법의 숲'이라는 간판이 있었는데….'

영웅이는 호기심이 발동하여 가게 문을 다시 열어보기로 했다.

"가게 문을 열고 들어가면 숲도 보이고 도깨비도 다시 만날 수 있을 거야. 다시 한 번 열어보자."

영웅이는 조심스럽게 문 손잡이에 손을 갖다 댔다. 그리고 천천히 문을 열었다.

그런데 어찌 된 일인지 숲은커녕 아무것도 없었다. 그저 텅 빈 가게일 뿐이었다. 물론 도깨비도 없었다.

'어? 이상하다. 분명 마법의 숲이었는데….'

영웅이는 고개를 갸웃거리며 문을 닫았다.

그때 누군가가 뒤에서 영웅이의 어깨를 톡톡 건드렸다.

"어, 도깨비구나!"

놀라움과 반가움에 영웅이는 뒤를 돌아보며 말했다.

그러나 도깨비가 아니라 친구 병호였다.

"영웅아, 너 여기서 뭐해? 왜 남의 가게 문을 열어보니?"

"아… 아무것도 아니야."

영웅이는 머리를 긁적거렸다.

"얼른 가자. 늦었어."

"그래."

병호는 영웅이의 눈치를 살피더니 조심스럽게 물었다.

"그런데 영웅아, 너 괜찮니?"

"뭐가?"

"너 발표 시간에 창피 당했잖아."

영웅이는 방긋 웃으며 대답했다.

"괜찮아. 처음부터 발표를 잘하는 사람이 어딨냐? 그리고 실패를 해야 성공도 하는 법이야."

영웅이의 뜻밖의 대답에 오히려 병호가 당황했다.

"이야, 멋진데! 너 그 말 어디서 주워들었냐?"

"주워듣기는. 그 정도쯤이야 당연히 아는 거지."

"역시 넌 영웅이야!"

영웅이는 어깨를 으쓱했다. 이어 영웅이는 주위를 살피더니 귓속말로 병호에게 말했다.

"병호야, 너한테 보여줄 게 있는데 한 번 볼래?"

"갑자기 웬 귓속말이야? 뭔데 그래?"

"보여주기 전에 먼저 약속할 게 있어. 다른 친구들한테는 절대 말하면 안 돼. 알았지?"

"알았어. 알았어. 내가 원래 입이 좀 무겁잖아. 어서 보여줘."

영웅이는 병호에게 손등을 보여줬다.

"자, 봐! 도깨비 얼굴이야!"

병호는 실망한 듯한 표정을 지으며 말했다.

"이게 뭐야! 도깨비 스티커잖아. 나는 또…."

"이게 얼마나 대단한 건데. 좀 전에 내가 마법의 숲에 들어가서 도깨비를 만났어. 거기서 마법의 발표력 학교 수업을 들었는데, 마틴 루터 킹 목사님이랑 이율곡 선생님이랑 그리고 또 …."

병호는 얼굴을 찌푸리며 귀찮다는 듯 말했다.

"이러다 우리 지각하겠다. 어서 가자, 영웅아!"

"정말이라니까! 내 말 좀 들어봐. 내 가방에 발표력 비법이 적힌 종이도 …."

병호는 발걸음을 재촉하며 말했다.

"아이참, 빨리 가자니까. 정말 지각하면 어떡해!"

영웅이는 한숨을 내쉬며 중얼거렸다.

"자식, 네가 어찌 마법을 알겠니?"

어느새 병호는 저 앞에 가고 있었다. 영웅이는 병호를 뒤따라 걸어갔다. 오늘 따라 아침 햇살이 유난히 따사로웠다. 햇살이 영웅이의 얼굴과 마음을 비춰주었다. 기분이 좋아진 영웅이의 얼굴에 자꾸만 미소가 번졌고 콧노래가 절로 나왔다.

"와, 정말로 기분 좋은 아침이야. 룰루랄라"

저 앞에 교문이 보였다. 교문이 가까워질수록 영웅이의 얼굴은 더더욱 환해졌다. 가방 속에 다섯 명의 선생님들이 알려준 발표력의 비법이 들어 있어서 그런지 두려울 게 하나도 없었다.

영웅이는 갑자기 주먹을 불끈 쥐더니 앞으로 달려갔다. 그리고 하늘 높이 뛰어오르며 힘차게 소리쳤다.

"그래, 할 수 있어! 나는 발표왕이 될 거야! 진짜 영웅이 될 거야!"

끝

자신감을 키워주는
마법의 발표력

1판 1쇄 인쇄 2023년 8월 12일
1판 1쇄 발행 2023년 8월 18일

글 김현태 | **그림** 김청아 | **책임편집** 권효진 | **편집** 심지혜
펴낸이 정봉선 | **펴낸곳** 정인출판사
주소 경기도 하남시 조정대로45 미사센텀비즈8층F827호
전화 031-795-1335(영업국) | **팩스** 02-925-1334 | **이메일** junginbook@naver.com

등록번호 제2022-000117호 | **ISBN** 979-11-981323-8-3 (73810)

이 책은 저작권법에 따라 보호받는 저작물이므로 무단 전재와 무단 복제를 금합니다.